Inhaltsverzeichnis

Einleitung

Kapitel Eins: Der Wolf auf der Weide — 13
    Vom Fressen und Gefressen werden — 13
    Der Mensch macht´s: Lenken mit Köpfchen — 18
    Die sechs Säulen der Ausbildung — 19
    Was haben erfolgreiche Manager und Reiter mit Hund gemeinsam? — 19

Kapitel Zwei: Veranlagungen, Triebe und »Wunderhunde« — 22
    Welche Rassen sind geeignet? — 22
    Wunderhunde und Wunderpferde — 25
    Die Top Ten bei Pferdeleuten: Pro und Contra — 30
    Das Deckelchen zum Töpfchen — 35
    Wenn Sie schon einen Hund haben — 36
    Das »Hundebegleitpferd« — 37

Kapitel Drei: Wie aus Feinden Freunde werden — 38
    Die erste Begegnung — 38
    Anstandsregeln — 45
    Achtung Futterneid! — 45
    Jagen verboten — 46
    Wenn der Hund das Pferd erziehen will — 47

Kapitel Vier: Das große Kauderwelsch — 49
    Drei Fremdsprachen - wie soll man sich da verstehen? — 49
    Werden Sie zum Diplomaten! — 50
    Tipps zum Erreichen einer ranghohen Position — 51
    Können Tiere Fremdsprachen lernen? — 52
    Ordnung im Sprachenwirrwarr — 52

Kapitel Fünf: Die Grundschule — 54
    ... noch zu Fuß — 54
    Feind Nr. 1: Der Jagdtrieb — 61
    Der Drahtesel als Ersatzpferd — 64
    Das Pferd kommt ins Spiel - aber immer noch zu Fuß! — 66

Inhaltsverzeichnis

Inhaltsverzeichnis

Kapitel Sechs: Vom Begleithund zum Reitbegleithund — **68**
- Welche Ausrüstung für das Führen am Pferd? — 68
- Der erste gemeinsame Ritt — 71
- Langsam wird's schwerer — 75
- An- und Ableinen — 78
- Freifolge — 81
- Herankommen — 82
- »Bleib« vom Pferd aus — 84
- Für Fortgeschrittene: Übungen im Trailparcours — 86
- Die häufigsten Probleme im Überblick — 94

Kapitel Sieben: In Feld und Wald juchhe — **96**
- Es geht los! — 96
- Wie viel Kontrolle muss sein? — 96
- Mit oder ohne Leine? — 97
- Typische Geländesituationen — 98
- Jäger und Reiter: ein ewiges Thema — 100
- Reitersleut' sind Rittersleut — 102
- Verhalten im Straßenverkehr — 102
- Mit Pferd und Hund auf Wanderritt? — 105

Kapitel Acht: Fitness und Futter — **108**
- Vorsicht Kinderarbeit — 108
- Hüftgelenksdysplasie (HD) — 108
- Konditionsaufbau — 109
- Arbeit macht hungrig — 110
- Voller Bauch studiert nicht gern — 111
- Igitt, mein Hund frisst Pferdeäpfel! — 112

Kapitel Neun: Sanktus Bürokratius: — **114**
- Die gesetzlichen Grundlagen — 114
- Wo müssen Hunde an die Leine? — 115
- Wildernde Hunde und das Jagdrecht — 116
- Gesetzliche Regelungen in den Bundesländern: Übersicht — 117

Anhang: Nützliche Adressen & Bücher zum Weiterlesen — **121**

EINLEITUNG

Hund und Pferd sind eigentlich zwei sehr unterschiedliche Lebewesen, die aber eine ganz große Gemeinsamkeit besitzen: den Menschen.

Ohne ihn hätten Hunde und Pferde reichlich wenig miteinander am Hut. Da sie aber beide, jeder auf seine Art, sehr soziale und sehr anpassungsfähige Wesen sind, wurden sie schon früh zu Verbündeten der komischen Zweibeiner. Das Pferd hatte dabei allerdings lange Zeit die schlechteren Karten - es wurde schlichtweg von unseren Vorfahren verspeist. So mancher Hund wird ihnen sogar auf der Jagd nach Wildpferden geholfen haben.

Als der Mensch aber erkannte, dass das Pferd erst als Zug-, dann als Reittier ihm wesentlich nützlicher war als in der Rolle des lebenden Fleischvorrates, bekamen Hund und Pferd es auf andere Weise miteinander zu tun: Pferd jagen war nicht mehr gewünscht, und vor dem Hund Reißaus nehmen auch nicht. Beide Tiere fanden sich plötzlich in einer neuen Rolle wieder - das Pferd machte den Menschen mobil, der Hund assistierte ihm beim Jagen, beim Hüten des Viehs und beim Bewachen des Eigentums. Und so sind Hunde und Pferde auch heute noch diejenigen Haustiere, mit denen wir die stärksten Emotionen verknüpfen und mit denen wir uns am engsten verbunden fühlen. Der treue Hund und das wackere Streitross sind in vielen Sagen und Erzählungen des Altertums immer wieder Hauptfiguren.

Was Wunder, dass die meisten Reiter auch Hundefreunde sind. Vor allem unter denjenigen, die ihre Pferde nicht nur als Sportgerät, sondern als Freizeitpartner betrachten, ist der Prozentsatz der Hundehalter überdurchschnittlich groß.

Was liegt da näher als der Gedanke, seinen Hund auch beim Reiten mitzunehmen, anstatt ihn schnöde zu Fuß spazieren zu führen? Im frischen Galopp durch den Pulverschnee und der Hund flitzt nebenher - ein schöner Gedanke! Die Realität sieht leider oft ganz anders aus: Der Hund verschwindet mit fliegenden Ohren im Wald, während der Reiter hilflos auf dem nervös tänzelnden Pferd sitzend ihm verzweifelt hinterher schreit ... Oder er springt mit verschlammten Pfoten an einem Spaziergänger hoch, der Hunde leider gar nicht mag und heute seine weiße Hose anhat und außerdem vor Pferden Angst hat ...

Schnell sind da Reiter mit Hund das Feindbild Nummer eins vor allem von Jägern, aber auch von Spaziergängern und anderen Waldbenutzern. Und oft völlig zu Recht!

Einleitung

*Mit Pferd und Hund im Galopp durch den Pulverschnee ...
so wünscht sich ein Reiter das Leben!*

Unsere Umwelt und unsere Mitmenschen sind bei näherer Betrachtung auch der Hauptgrund, weshalb wir uns mit dem Thema »Ausbildung des Reitbegleithundes« näher befassen müssen. Lebten wir gesetzlos mit unseren Tieren in völliger Wildnis und Einsamkeit, könnten wir uns allen Aufwand schenken. Der Hund würde, wenn wir reiten gehen, schon irgendwie nachkommen, kein Zweifel. In unserem zivilisierten, eng gewordenen Europa müssen wir uns aber an Spielregeln halten, damit das Zusammenleben für alle angenehm ist und auch Reitern mit Hunden in Zukunft noch (oder wieder) ein Platz in Feld und Wald zugestanden wird.

Dazu ist aber von Seiten des Menschen einiges an Arbeit erforderlich. Den ersten Schritt haben Sie, lieber Pferde- und Hundemensch, mit dem Kauf dieses Buches gerade getan.

Nun haben Sie einen langen Weg vor sich, bis Ausritte mit Hund harmonisch und ungestört verlaufen und Sie es verantworten können, sich mit beiden Tieren in die freie Natur zu wagen.

Aber glauben Sie mir: Kaum etwas ist schöner, als nach all der Mühe dann endlich den entscheidenden Moment

Einleitung

zu erleben - das Glücksgefühl, mit diesen beiden so unterschiedlichen Tieren eine Einheit zu bilden und sich selbst plötzlich als Verbündeten in diesem Dreiergespann zu empfinden, als Teil der Natur, von der wir uns so oft entfernt und entfremdet haben.

Drei Lebewesen, die sich zu Beginn so fremd waren wie Aliens vom anderen Stern, verstehen sich nun ohne Worte, bewegen sich wie von Zauberhand in gegenseitigem Einvernehmen.

Und Sie sind mittendrin. Jedenfalls scheint es so, denn eigentlich sind natürlich Sie es, der unauffällig alle Fäden zieht.

Machen Sie sich also an die Arbeit - es lohnt sich!

Anders als in der kanadischen Einsamkeit ist in unserer engen Zivilisationslandschaft eine gute Erziehung des Reitbegleithundes unbedingt notwendig, um Mensch und Tier nicht zu gefährden oder andere zu belästigen.

Der Wolf auf der Weide

Vom Fressen und Gefressen werden

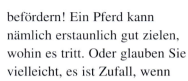

Der wichtigste Unterschied zwischen Hund und Pferd ist schnell auf einen Punkt gebracht: die einen fressen, die anderen werden gefressen.

Oder weniger plakativ gesagt – Hunde bzw. Wölfe sind Fleischfresser (allerdings nicht ausschließlich, die fressen auch pflanzliche Nahrung) und folglich zum Jagen gezwungen, Pferde sind Pflanzenfresser und zum Weglaufen vor Jägern gezwungen. Und da haben wir den Salat! Wie sollen zwei Tiere sich verstehen, wo doch das eine nur im Kopf hat, das andere möglichst schnell zu verschlingen? Gemach, ganz so einfach ist es natürlich nicht. Das wäre wirklich zu simpel.

Es ist zweifellos richtig, dass das Wildpferd neben anderen pflanzenfressenden Säugern einst zu den Beutetieren der Wölfe gehörte. Allerdings hätte sich ein einzelner Wolf niemals mit einem gesunden, erwachsenen Wildpferd angelegt – abgesehen davon, dass es ihm im Galopp entkommen wäre, hätte sich dasselbe nämlich im Zweifelsfall mit Hufen und Zähnen gewehrt – und so ein Pferdehuf kann einem Wolf nicht nur die Rippen brechen, sondern ihn auch ins Jenseits befördern! Ein Pferd kann nämlich erstaunlich gut zielen, wohin es tritt. Oder glauben Sie vielleicht, es ist Zufall, wenn die zickige »Liese« auf der Koppel immer nur um ein paar Zentimeterchen den Schädel des frechen Wallachs »Max« mit dem Hinterhuf verfehlt, wenn der ihrem saftigen Grasbüschel zu nahe gekommen ist? Wenn Liese wollte, würde sie Max treffen!

Unser Wolf hätte also lieber nichts riskiert und gewartet, bis seine Rudelgenossen gemeinsam mit ihm auf die Jagd zogen. Im Rudel sind Wölfe nämlich hervorragende Jäger und können es mit noch größeren Tieren aufnehmen als einem Pferd. Im Rudel hat jeder seine Aufgabe – und geradezu unheimlich erscheint es uns, wie die Wölfe sich hier verständigen, wer was zu tun hat: Treiben, Hetzen, Umzingeln – du von rechts, ich von links! Und du von vorn!

Ein einzelner Wolf, der aus irgendeinem Grunde aus seinem Rudel ausgestoßen wurde, ist also arm dran. Er muss sich in der Regel mit kleineren Beutetieren zufrieden geben. Wenn er großes Glück hat, erwischt er mal ein krankes, altes und schwaches Wildpferd. Selbst bei den Fohlen wird er alleine kaum Glück haben, denn die

Pferde halten in Herden zusammen und nehmen den Nachwuchs bei einer Flucht in die Mitte. Und die kleinen Fohlen können schon wenige Stunden nach der Geburt im Tempo mit den Großen mithalten. Ein einzelnes, gesundes Pferd und ein einzelner Wolf würden sich in freier Wildbahn ganz einfach aus dem Weg gehen.

Wozu dieser ganze Exkurs? Um das grundlegende, überlebenswichtige Verhalten von »Jäger« Hund und »Beute« Hund etwas besser zu verstehen und Rückschlüsse daraus zu ziehen.

Leider ist nämlich selbst unter professionellen Hundeausbildern ganz oft die Ansicht verbreitet, dass ein Pferd automatisch immer vor einem Hund Angst habe und dass ein Hund bei einem Pferd automatisch immer an »Beute« denke. Das ist vereinfachende Schwarzweiß-Malerei, die am Kern der Sache vorbeigeht.

Sie übersieht nämlich neben dem oben Geschilderten auch den ganz entscheidenden Einfluss, den der Mensch mittels Zuchtauswahl auf die Entwicklung seiner Haustiere genommen hat.

Auch wenn unsere Hunde Nachfahren der Wölfe sind und unsere Pferde Nachfahren von Wildpferden, so dürfen wir doch auch nicht vergessen, dass beide sich im Laufe der vielen Jahrtausende, während derer sie in der Obhut des Menschen stehen, verändert haben. Zum einen ist da die reine körperliche Größe: Ist ein Yorkshire Terrier als Jäger eines Ardenner Kaltblutes denkbar? Fühlt das Pferd sich hier bedroht und tropft dem Hund der Zahn angesichts der leckeren Beute ...?

Trotzdem ist der Yorkie im Grunde seines Herzens immer noch ein Jäger und das Pferd immer noch ein gejagtes Fluchttier. Das Verhalten von Haustieren, so haben Ethologen herausgefunden, unterscheidet sich nämlich nicht qualitativ von dem ihrer Vorfahren, sondern nur quantitativ. Das bedeutet: Domestizierte Tiere zeigen im Grunde das gleiche Verhaltensrepertoire wie ihre wilden Vettern, nur mit anderen Schwerpunkten und in anderer Häufigkeit oder nur noch in Teilen, so genannten unterbrochenen Verhaltensketten. So kann ein Verhalten, das beim Wildtier häufig vorkommt, beim domestizierten Tier nur noch ganz selten vorkommen und umgekehrt.

Ein Beispiel: Der Wolf schleicht sich an, hetzt die Beute, greift sie, tötet und frisst sie. Beim Haushund sind das Anschleichen und das Jagen oft noch zu beobachten, das Packen der Beute dann aber nicht mehr: Wenn der frech bellende Hund das Pferd in eine Ecke gedrängt hat, weiß er meistens gar nicht, was er denn jetzt mit seinem Erfolg anfangen soll. Die Endhandlung, das Töten der Beute, wird nicht ausgelöst.

Der Wolf auf der Weide

Dann kommt natürlich noch hinzu, dass man sowohl Hunde als auch Pferde Jahrtausende lang immer auf ganz bestimmte Charaktereigenschaften hin selektiert hat. So entstanden nach und nach die Hütehunde, die Jagdhunde, die Herdenschutzhunde oder andere Hundetypen mit zum Teil sehr spezialisierten Aufgabengebieten.

Beim Pferd hingegen war der in der Natur überlebenswichtige, möglichst schnelle Fluchtreflex als Reaktion auf alles Unbekannte für den Reiter eher unpraktisch, wie man sich denken kann. Was wäre beispielsweise wohl von einem spanischen Stierkampfpferd zu halten, das in der Arena Fersengeld gibt? Oder einem Kriegspferd, das in Richtung der feindlichen Linien durchgeht?

Die Chancen stehen also gut, dass Ihr Hund Ihr Pferd nicht gleich fressen wird. Aber Spaß beiseite: Die Grundzüge des ursprünglichen Verhaltens sind sowohl beim Hund als auch beim Pferd noch immer vorhanden und es wäre sträflicher Leichtsinn, das außer Acht zu lassen. In jedem Hund schlummert der Drang, etwas sich schnell entfernendem nachzujagen

Wenn Pferde und Hunde sich erst einmal kennen, ist das Zusammenleben in der Regel problemlos: Hier scheint der »Wolf« in die Herde integriert zu sein!

oder es bellend zu stellen, und in jedem Pferd schlummert der Drang, vor sich von hinten oder seitlich nähernden Vierfüßlern zu fliehen. Machen Sie mal den Test und besuchen Sie eine Pferdeherde auf der Sommerweide: Lassen Sie sich auf alle Viere herab und nähern Sie sich dann den Pferden, auf Händen und Füßen galoppierend, schräg von hinten oder vorn. Aber bitte mit Abstand, wenn Ihnen Ihre Gesundheit lieb ist! Sie werden bemerken, dass die Pferde die ihnen sonst so vertraute Gestalt des Futtergebers nicht mehr erkennen und die Flucht ergreifen oder zumindest irritiert mit hoch erhobenem Kopf in Habacht-Stellung gehen und laut die Luft durch die Nüstern prusten.

So kann es auch immer wieder vorkommen, dass Ihr Pferd vor Ihrem Hund, den es so gut kennt und vor dem es nicht die Spur von Angst hat, plötzlich doch scheut, weil er beispielsweise unvermittelt und vorher unbemerkt schräg hinter dem Pferd eine Böschung herabspringt. Von oben kommende Bewegungen sind für Pferde besonders schrecklich: Gleich sitzt ihm das Raubtier im Genick! Es kann dann einfach nicht anders reagieren In der Regel ist der Schreck aber schnell vorbei, wenn das Pferd erkannt hat: »Ach so, *der* war das!«

Für das Überleben der Pferde in freier Wildbahn war und ist es halt entscheidend, dass sie zuerst eine sichere Distanz zwischen sich und das Schreckobjekt bringen und erst dann nachsehen, was den Schreck überhaupt ausgelöst hat.

Noch ein paar grundlegende Gedanken zum Jagdverhalten der Hunde und dem Fluchtverhalten der Pferde: Alles ist etwas anders, wenn die Tiere sich in einer intakten Gruppe befinden - die Pferde in einer Herde, die Hunde (Wölfe) in einem Rudel. Da

Pferden und Hunden ist gemeinsam:
- Leben in einer sozial strukturierten Gruppe (Rudel / Herde)
- Strenges Rangordungsprinzip
- Orientierung am Leittier

haben sie auch ihren von Natur aus angestammten Platz und fühlen sich beide alleine nicht wohl.

Sowohl Pferdeherde als auch Wolfs-/Hunderudel sind hierarchisch organisiert, das heißt, bei beiden gibt es ein Leittier (oder ein männliches und ein weibliches Leittier) und eine festgelegte Rangfolge unter den übrigen Gruppenmitgliedern. Für uns wichtig ist hierbei der springende Punkt, dass sich die rangniederen Tiere stets am ranghöheren orientieren.

Vielleicht haben Sie selbst am Zaun der Pferdekoppel schon einmal folgende Beobachtung gemacht: Wenn in einer Herde plötzlich ein Fohlen vor irgendetwas scheut, wegspringt und ein Stückchen galoppiert, beachten das die anderen Pferde in der Regel kaum. Sie gucken kurz mal rüber und signalisieren dem Kleinen »alles in Ordnung, komm mal her zu mir«. Scheut aber plötzlich und unvermittelt ein im Rang höherstehendes Tier und beginnt zu fliehen, dann flieht die gesamte Herde mit. Seine »Alarmmeldung« wird sofort ernst genommen. Der Herdenchef (meist die Leitstute) entscheidet dann meist schon nach wenigen Galoppsprüngen, ob eine Fortsetzung der Flucht sinnvoll ist oder ob es sich um falschen Alarm gehandelt hat. Wenn das Leittier stehen bleibt, halten auch die anderen an. Flieht es, rennen alle anderen auch weg.

Bei Wölfens ist es ähnlich: Kein rangniederer Wolf käme auf die Idee, sich auf eigene Faust auf die Jagd zu begeben. Gejagt wird nur dann, wenn der Alphawolf und Alphawölfin, also die Rudelführer, das beschließen, und dann hat jeder seinen fest zugewiesenen Platz.

Mit dem Jagdverhalten der Hunde, das für einen Reitbegleithund natürlich völlig intolerabel ist, werden wir es später noch ausführlicher zu tun bekommen.

An dieser Stelle müssen wir nur folgende Schlussfolgerung ziehen:

Wenn sowohl Pferd als auch Hund sich am ranghöheren Herden-/Rudelmitglied orientieren, dann müssen Sie zum »Leittier« für beide werden, um Einfluss nehmen zu können.

Dazu müssen Sie weder knurren wie ein Hund noch die Ohren anlegen wie ein Pferd. Sie dürfen ruhig Mensch bleiben! Trotzdem haben Sie genügend Möglichkeiten, beiden Tieren Ihre dominante Stellung deutlich zu machen. Mehr dazu in Kapitel vier!

»Erziehung durch Dominanz« ist sowohl unter Reitern als auch unter Hundeleuten während der letzten Jahre immer wieder Gegenstand ausführlicher Diskussion gewesen. Leider hat man das an sich richtige Prinzip auch oft missverstanden und »Dominanz« mit der Ausübung körperlicher und seelischer Gewalt verwechselt - aber das ist ein Thema für sich.

Der Schlüssel zur Verständigung zwischen Hund und Pferd liegt also in Ihnen, dem Menschen. Sie können und müssen zum Bindeglied dieser beiden unterschiedlichen Wesen werden, damit beide gewissermaßen ihre Zwistigkeiten begraben und sich stattdessen lieber an Ihnen als Chef des Dreierteams orientieren.

Der Mensch machts: Lenken mit Köpfchen!

Sie als Reiter wissen es natürlich: Ein Pferd nur mit reiner körperlicher Gewalt unter Anwendung von irgendwelchen Zwangsmaßnahmen zur Mitarbeit bewegen zu wollen, bringt allenfalls einen sehr kurzfristigen Erfolg. Das Pferd ist sowieso stärker als Sie! Es wird nicht nur seine Aufgabe unter Zwang ungerne verrichten, es wird sich auch bei erstbester Gelegenheit gegen die Tyrannei von oben auflehnen. Man muss sich als Reiter also schon etwas anderes einfallen lassen, um sein Pferd zu »beherrschen« und sich auch in Krisensituationen wirklich auf es verlassen zu können. Schon die Reitmeister des Altertums wussten das.

Erstaunlich ist aber, dass diese Erkenntnis sich bei den Hundehaltern erst in jüngerer Zeit durchzusetzen scheint. Selbst Hunde haltende Reiter, die sich im Bezug auf ihr Pferd ausführlich mit »Dominanztraining« nach den Erkenntnissen der Pferdepsychologie befassen, schaffen es häufig nicht, diesen Gedankengang auch auf den Umgang mit ihrem Hund zu übertragen. Beim Hund liegt ja auch die Versuchung, über reine körperliche Einwirkung (Leinenrucke zum Beispiel) Gehorsam erreichen zu wollen, viel näher - schließlich ist der Hund im Gegensatz zum Pferd von uns noch kräftemäßig einigermaßen beherrschbar, sofern es sich nicht gerade um ein zartes Mädchen und eine lebensfrohe Deutsche Dogge handelt.

Hunde werden aber auch viel häufiger »vertüddelt« und »vermenschlicht« als Pferde. Beide Extreme im Umgang mit Hunden führen zwangsläufig zu Problemen in der Erziehung. Der Hund gehorcht nicht zuverlässig, wird aufsässig, schlimmstenfalls sogar aggressiv.

Bei unserem Reitbegleithund nun fallen solche Probleme sofort unbarmherzig auf! Oder wie wollen Sie Ihren weglaufenden Hund vom Pferd aus aufhalten, wenn er wirklich weglaufen will? Eben - es geht nicht.

Bedenken Sie:
Mehr als jeder andere Hundehalter sind Sie als reitender Hundeführer auf die freiwillige und trotzdem verlässliche Mitarbeit Ihres Hundes angewiesen.

Die grundlegende Erziehung des Reitbegleithundes muss also nicht nur gut sein, sondern besser!

Wir sollten an dieser Stelle nur festhalten, dass für eine erfolgreiche und für alle Seiten erfreuliche Erziehung von Hund und Pferd im Kern die gleichen Grundsätze gelten, nennen wir sie einmal:

Die sechs Säulen der Ausbildung

- Dominanz
- Konsequenz
- Autorität

- Vertrauen
- Freundlichkeit
- Motivation

Warum diese Begriffe sich gegenüberstehen? Ganz einfach - der jeweils linke ist ohne sein Pendant auf der rechten Seite nicht viel wert. Dominanz ohne Vertrauen ist Tyrannei, Konsequenz ohne Freundlichkeit Lieblosigkeit und Autorität ohne Motivation Knechtschaft. Umgekehrt gilt natürlich das Gleiche: mit bloßer Freundlichkeit kommen wir mit Sicherheit nicht weiter - trotz aller Liebe!

Sicher sind wir uns in dem Punkt einig, dass weder eine Pferde- noch eine Hundeerziehung auf rein antiautoritärer Basis funktionieren können. Eine Kindererziehung übrigens auch nicht - wie es überhaupt viele Parallelen in Tier- und Kindererziehung gibt.

Was haben erfolgreiche Manager und Reiter mit Hund gemeinsam?
Auf den ersten Blick nichts, auf den zweiten aber eine ganze Menge: Beide müssen Führungsqualitäten besitzen. Beide müssen ihre zum Teil sehr unterschiedlichen Mitarbeiter motivieren können, damit sie so arbeiten, wie man sich das als Chef oder Chefin vorstellt. Es hat sich inzwischen in der Geschäftswelt herumgesprochen, dass unzufriedene Mitarbeiter schlechte Mitarbeiter sind. Sie lassen Punkt halb fünf den Stift aus der Hand fallen und streben schnellstmöglich nach Hause. Sie tun immer nur gerade so viel, wie es ohne Androhung von Sanktionen nötig ist. Mehr bestimmt nicht!

Der motivierte Mitarbeiter dagegen fühlt sich plötzlich persönlich für das Wohlergehen »seiner« Firma verantwortlich. Er ist nicht mehr nur ein armer Angestellter, sondern ein Teil des Ganzen. Er vertraut den Entscheidungen des Chefs und tut von seiner Seite aus, was er kann. Er ist motiviert, die Arbeit macht ihm Spaß! Er arbeitet einfach mehr und vor allem besser.

Und wie macht man das als Firmenchef? Erfolgreiche Mitarbeiterführung ist eine Kunst, die manchen in die Wiege gelegt zu sein schein. Gute Chefs sind klar in ihren Entscheidungen, lassen sich nicht in Frage stellen, strahlen Autorität und Sicherheit aus. Sie erkennen aber auch gute Leistung ihrer Mitarbeiter an und vermitteln

Der Wolf auf der Weide

ihnen das Gefühl, wichtig zu sein und ernst genommen zu werden. Sie sind bestimmt, aber freundlich. Sie haben es nicht nötig, sich ständig durch lautes Herumgepoltere Respekt zu verschaffen. Ihre Autorität wird nicht hinterfragt, weil jeder einsieht, dass der Chef es am besten weiß. Ihm kann man vertrauen! Wer hätte nicht gerne so einen Traumchef?

Mit unseren Tieren ist es im Grunde gar nichts anderes! Sie orientieren sich gerne an jemandem, der zwar streng ist, aber garantiert immer die richtige Lösung für alle Probleme bereit hält. Bei ihm ist man sicher, und das Zusammensein mit ihm macht auch noch Spaß, denn man erlebt mit ihm spannende Dinge!

Und jetzt fragen Sie, wie Sie das denn praktisch umsetzen sollen. Die Antwort lautet - viele Wege führen nach Rom. Ob Sie das Pferd oder den Hund von links oder rechts führen, mit welchem Kommando, ob mit Spezialhalfter oder ohne, ist weniger wichtig, als die Art und Weise, wie Sie es tun und mit welcher Konsequenz.

Natürlich benötigen Sie für eine erfolgreiche Arbeit auch theoretische Kenntnisse über die Psychologie von Hunden und Pferden, auf die wir hier

Machen Sie sich zur beliebten Führungspersönlichkeit von Hund und Pferd. Guten Chefs folgt man gern!

nicht in allen Einzelheiten eingehen können. Zum Beispiel die, dass nach dem Verständnis des Hundes die Rangordnung durcheinander kommen kann, wenn er auf dem Bett schläft oder grundsätzlich vor Ihnen durch die Tür geht. Oder dass Sie Ihrem Pferd nicht erlauben sollten, sich den Kopf an Ihnen zu schubbern: nur ranghohe Pferde schubbern sich an rangniederen, nie umgekehrt!

Wichtig ist immer, dass Sie sich fragen: Wie ist es um meine Führungsqualitäten bestellt? Wäre ich gerne bei mir selber Mitarbeiter? Würde ich mir als Chef oder Chefin vertrauen, oder hätte ich den Eindruck, »der weiß ja nicht, was er will?« Fühlte ich mich ungerecht behandelt oder respektiert?

Kein einfacher Weg, gewiss nicht! Es ist manchmal ungewohnt, sich selbst immer wieder zu hinterfragen. Und doch ist dies der einzige Weg, auf dem wir zu einem wirklich harmonischen Zusammensein mit unseren Tieren kommen können. Und ganz nebenbei schulen wir dabei unsere »menschlichen Qualitäten« ganz ungemein!

Es kommt wirklich nicht von ungefähr, dass neuerdings immer öfter Managerseminare angeboten werden, in denen die zukünftigen Filialleiter ihre Führungsqualitäten im Umgang mit Pferden trainieren sollen!

Leider gibt es kein allgemein gültiges Patentrezept für die erfolgreiche Arbeit mit Tieren. Zu verschieden sind nicht nur die Tiere, sondern auch die Menschen, die mit ihnen zu tun haben. Der eine ist ein eher leiser, introvertierter Typ, der andere sehr selbstbewusst. Beide werden im Rahmen der Grundregeln, die einfach immer zu beachten sind, ihren eigenen, individuellen Führungsstil finden.

Genauso verschieden sind natürlich auch unsere Tiere. Während ich unsere hoch sensible Vollblutstute nur anschauen muss, damit sie zur Seite geht, steht unser Haflinger Paul mir lieber auf den Füßen, sofern ich ihm nicht ab und an deutlicher klar mache, wer von uns beiden Vorfahrt hat. Sowohl unter den Pferden als auch unter den Hunden gibt es Draufgänger, die immer wieder versuchen, ihre Grenzen zu testen und andererseits Sensibelchen, die stundenlang beleidigt sind, wenn man ein lautes Wort gesagt hat. Was Haflinger Paul als freundschaftlichen Knuff auffasst, würde die Vollblüterin in ihrem Glauben an die Menschheit erschüttern. Dementsprechend gibt es auch Hunde, die mehr Druck brauchen als andere. Es liegt an Ihnen, das richtige Gleichgewicht zwischen den Elementen der sechs Ausbildungssäulen zu finden.

Vor allem also eins: Gebrauchen Sie Köpfchen statt Kraft!

Veranlagungen, Triebe und Wunderhunde

Welche Hunderassen sind geeignet?

Möglicherweise haben Sie bereits einen Hund, den Sie nun zum Reitbegleithund ausbilden möchten. Dann stellt sich die Frage der am besten geeigneten Rasse für Sie nicht, wohl aber die, ob Ihr Hund andere wichtige Voraussetzungen mitbringt.

Versuchen wir zunächst einmal, kurz auf den Punkt zu bringen, wie ein idealer Reitbegleithund denn beschaffen sein sollte:

Die 7 wichtigsten Forderungen an den Reitbegleithund

- Mittelgroß
- Lauffreudig und ausdauernd
- Kooperativ, leicht erziehbar
- Wenig Jagdtrieb
- Nicht ängstlich oder aggressiv
- Gesund
- Wetterfest

Der erste Punkt lässt viele Rassen durch das Raster fallen. Sehr kleine Hunde (wie z.B. ein Yorkshire Terrier) sind aus nahe liegenden Gründen ebenso wenig geeignet wie sehr große und schwere (wie z.B. Neufundländer oder Bernhardiner). Beide würden zu schnell ermüden oder sogar durch die intensive Bewegung gesundheitlichen Schaden erleiden. Sehr große und schwere Rassen sind leider auch dispositioniert für Gelenksschäden. Relativiert wird dieser Aspekt natürlich dadurch, welcher Typ Sie selbst sind und wie Ihre Reitgewohnheiten aussehen. Unternehmen Sie gerne flotte und lange Ritte oder lieber sehr geruhsame? Wenn Sie vielleicht gerne mit Ihrem gemütlichen, älteren Norweger geruhsam spazieren reiten, dann kann auch ein weniger athletischer Hund Sie sicher noch begleiten, ohne einen Herzinfarkt zu erleiden. Leider sind viele Hunderassen durch Zucht auf kuriose menschliche Schönheitsideale aber mittlerweile so degeneriert, dass sie kaum noch laufen, geschweige denn am Pferd mitlaufen können. Ein Basset oder ein English Bulldog sind mit Sicherheit nicht geeignet!

Von der Körpergröße des Hundes hängt es auch ab, ob Sie ihn vom Pferd aus an- oder ableinen können, was mitunter sehr praktisch ist. Bei einem sehr kleinen Hund und einem großen Pferd geht das natürlich nicht!

Veranlagungen, Triebe und Wunderhunde

Wenn der Hund sehr klein ist wie dieser Jack Russell Terrier und das Pferd sehr groß, muss zum An- und Ableinen abgesessen werden.

Die mittlere Größe ist nicht nur am praktischsten, sondern ergibt sich auch aus der Anforderung »lauffreudig und ausdauernd«. Natürlich gibt es auch kleine Hunde, die enorm ausdauernd und lauffreudig sind - man denke nur an die Jack Russell oder Cairn Terrier! Sehr kleine Hunde haben aber auch den Nachteil, vom Pferd eher übersehen zu werden.

Kooperative und leicht erziehbare Hunde machen dem Menschen das Leben leichter. Wenn Sie einen Hund einer ausgesprochen eigensinnigen Rasse erwerben (viele Terrier-Rassen gehören dazu, aber auch Dackel), dann sollten Sie möglichst schon Erfahrung in der Hundeerziehung besitzen und selbst auch ein durchsetzungsfähiger Typ sein (wer mit Shetty, Haflinger & Co. gut zurecht kommt und an etwas Dickköpfigkeit nicht verzweifelt, hat in dieser Hinsicht gute Chancen). Leichter haben Sie es, wenn Sie sich für einen Hund aus der großen Gruppe der Schäfer- und Hütehunde entscheiden, denn die sind in der Regel sehr kooperativ - alles andere wäre für den Schäfer, der mit ihnen arbeitete, auch nicht zu brauchen gewesen. Die meisten der als Gebrauchshunderassen anerkannten Hunde wie Deutscher Schäferhund, Malinois, Riesenschnauzer, Dobermann, Rottweiler, Boxer, Bouvier des Flandres, Hovawart oder Airedale Terrier besitzen diese Eigenschaften ebenfalls.

Am Jagdtrieb scheiden sich die Geister! Er ist natürlich das letzte, was wir brauchen können, wenn wir mit Pferd und Hund durch Wald und Flur streifen. Jeder Hund hat ihn - der eine mehr, der andere weniger. Das heißt übrigens nicht, dass alle Jagdhunderassen automatisch ungeeignet sind! Der Jagdtrieb kann durchaus beherrscht werden, muss dann aber entsprechend in eine andere Tätigkeit

Veranlagungen, Triebe und Wunderhunde

kanalisiert werden. Was würde ein Jäger mit einem Jagdhund anfangen, der beim Anblick eines davonhoppelnden Hasen blindlings hinterherrennt? Ein guter Jagdhund jagt nur dann, wenn sein Herr es auch möchte, also kontrolliert! Übrigens ist Jagdhund nicht gleich Jagdhund. Es gibt unter ihnen Rassen, die auf die Nachsuche und aufs Laufen spezialisiert sind wie die Beagles oder Bloodhounds, andere auf das Vorstehen wie Pointer oder Setter, auf das Apportieren von Wild wie Retriever oder auf das Aufstöbern von Wild wie Spaniels. Bei den Retriever-Rassen ist der Drang zum »Hinterher-Jagen« nicht sonderlich hoch, obwohl man sie zur Gruppe der Jagdhunde zählt. Wussten Sie, dass auch Pudel ursprünglich dazu gezüchtet wurden, erlegte Enten aus dem Wasser zu apportieren?

Ausgesprochene »Nasen«-Hunde wie Setter, Weimaraner, Deutsch Drahthaar, Große und Kleine Münsterländer sowie alle Hetzhunde gehören sicherlich nur in die Hand erfahrener Hundeführer und sind als Reitbegleithunde nicht erste Wahl.

Mittleren Jagdtrieb haben alle Herdenschutzhunde, typische Hof- und Wachhunde, die Hütehundrassen und die Spitze.

Der Hund muss ein stabiles, ausgeglichenes Wesen haben, das heißt, er darf weder zu ängstlich noch zu aggressiv sein. Ängstliche Hunde werden stets Probleme haben, nah ans Pferd zu kommen oder können sogar aus Angst zuschnappen, wenn sie sich bedrängt fühlen. Ein gesunder Respekt vor dem Pferd ist dagegen wichtig, aber das ist nicht zu verwechseln mit Angst! Aggressive sind natürlich ein Ding der Unmöglichkeit, denn Sie werden unterwegs mit Hund und Pferd immer wieder auch anderen Spaziergängern mit Hunden begegnen. Beide Eigenschaften haben wenig mit der Rasse, aber viel mit dem individuellen Typ und der Sozialisation des Welpen zu tun, also damit, was der Welpe während seiner ersten Lebenswochen erlebt hat. Wir kommen später noch darauf zurück. Hier nur die dringende Empfehlung: kaufen Sie nur bei einem seriösen Züchter und sehen Sie sich genau an, wie und wo die Welpen aufwachsen: Sind sie in einer dunklen Stallecke eingesperrt und bekommen nur zweimal am Tag einen Menschen zu sehen, oder sorgt man dafür, dass die Welpen möglichst viel von der Welt sehen?

Gesund muss ein Hund natürlich sein, wenn er viele Stunden neben dem Pferd herlaufen soll, vor allem, was seinen Bewegungsapparat betrifft. Lesen Sie dazu mehr im Kapitel über »Futter und Fitness«.

Wetterfestigkeit bezieht sich in unseren Breiten sowohl auf Kälte,

Veranlagungen, Triebe und Wunderhunde

Nässe als auch auf Hitze. Hunde mit sehr dichtem, langem Fell wie Bobtails oder Collies überhitzen schnell. Wenn Sie im Sommer nicht auf das Mitnehmen des Hundes verzichten wollen, bleibt Ihnen kaum anderes übrig, als ihn zu scheren. Sehr langhaarige Hunde haben außerdem den Nachteil, dass sich in ihrem dichten Pelz nach einem Geländeritt eventuell Unmengen von Schmutz und Kletten verfangen haben, sie sind also recht pflegeintensiv. Südländische Hunde mit allzu feinem und dünnem Fell frieren in deutschen Wintern schnell, auch der Dalmatiner ist empfindlich gegen nasskaltes Wetter.

Wunderhunde und Wunderpferde
Gibt es überhaupt die ideale Reitbegleithunde-Rasse? Ich finde es immer wieder bedenklich, bestimmte Rassen für bestimmte Zwecke zu empfehlen. Selbstverständlich sind manche Rassen aufgrund ihrer natürlichen bzw. durch züchterische Auslese geschaffenen Veranlagungen für bestimmte Zwecke besser, sogar viel besser geeignet als andere, aber bei solchen Empfehlungen schwingt immer eine Gefahr mit: Allzu leicht verfällt der Welpenkäufer dem Irrtum, wenn er nur einen Hund der richtigen Rasse kaufe, gehe alles sozusagen wie von selbst. Weil er doch von Natur aus dazu geeignet ist!

Bei guter Sozialisation und sorgfältiger Erziehung können auch Hunde weniger prädestinierter Rassen wie dieser Rottweiler zu guten Reitbegleithunden werden.

Veranlagungen, Triebe und Wunderhunde

Das gleiche Phänomen ist auch im Bezug auf Pferde zu beobachten und kann einen schier zur Verzweiflung bringen: Auch eine als besonders ruhig und zuverlässig beworbene Pferderasse ist nicht automatisch eine Lebensversicherung für den unerfahrenen Reitanfänger. »Quarter Horses gehen nie durch« ist eine ebenso blödsinnige Behauptung wie »Golden Retriever beißen nicht«. Gesundes Misstrauen ist angebracht, wenn ein Hundezüchter Ihnen beispielsweise versichert: »Die bleiben immer dicht am Pferd, das ist bei denen genetisch fixiert!« Mit Verlaub - so etwas wie eine automatisch eingebaute Funktion gibt es bei Tieren nicht.

Bei Pferd und Hund gilt wieder einmal: es liegt am Menschen, was er aus den vorhandenen Veranlagungen macht, ob er sie ausbaut, verkümmern lässt oder gezielt unterdrückt.

Schauen wir uns unter dieser Prämisse einmal an, bei welchen Hunderassen denn aller Voraussicht nach die für unsere Zwecke günstigsten Veranlagungen zu finden sind:

Hütehunde

Hier sieht es gut aus: Die Hunde dieser Rassegruppe haben nur mittelstarken Jagdtrieb, sind bewegungsfreudig, mittelgroß, haben wetterfestes Fell und sind in der Regel sehr kooperativ. Nachteil: ihr großer Arbeitseifer setzt voraus, dass sie wirklich eine Aufgabe haben (wer regelmäßig reitet, bietet sicher eine solche), da sie ansonsten ihre angestauten Energien gerne in andere Dinge umsetzen!

»Arbeitslose« Hütehunde werden schnell zu Neurotikern. Vorsicht, dass der starke Hütetrieb sich nicht darin äußert, das Pferd mitsamt Reiter »stellen« und »treiben« zu wollen!

Unter Reitern noch wenig verbreitet, aber sicher eine überdenkenswerte Alternative sind neben den britischen (Collie & Co.) auch die französischen Hütehundrassen wie Briard, Beauceron oder Picard und der belgische Bouvier, aber auch osteuropäische Hütehundrassen wie der charmante PON (Polski Ovcarek Nizinny).

Hütehunde wie Border Collies oder Australian Shepherds haben einen sehr großen Arbeitseifer, der in die richtigen Bahnen gelenkt werden muss.

Veranlagungen, Triebe und Wunderhunde

Hof- und Wachhunde

Auch hierunter finden sich gute Kandidaten wie z.B. der Hovawart, aber auch die Spitze, unter denen besonders der größere Wolfsspitz für den Reiter interessant ist. Diese Hunde haben relativ wenig Jagdtrieb, dafür einen stärkeren Wachtrieb. Die preußische Forstverwaltung verteilte seinerzeit sogar Spitze an heimische Bauern im Austausch gegen deren Hofhunde, da die Spitze nicht wilderten.

Herdenschutzhunde wie dieser Pyrenäen Berghund haben völlig andere Eigenschaften als Hütehunde und dürfen nicht mit ihnen verwechselt werden.

Ein typischer Hofhund: Der Hovawart.

Herdenschutzhunde

Diese großen Hunde dürfen keinesfalls mit den Hütehunden verwechselt werden, obwohl auch sie an Schaf- und Viehherden arbeiten. Ihre Aufgabe war aber nicht das Hüten und Zusammentreiben der Herde, sondern der Schutz vor Fressfeinden und zweibeinigen Dieben. Sie blieben Tag und Nacht draußen bei den Herden und passten auf sie auf. Das Ergebnis ist ein starker Drang dieser Hunde, »ihr« Gebiet und »ihre« Tiere zu bewachen, der in Aggression umschlagen kann, wenn nicht darauf geachtet wird. Diese Hunde sind sehr selbstständig (Kritiker meinen: dickschädelig), Fremden gegenüber oft reserviert, und gelten nicht unbedingt als leicht erziehbar. Keine Hunde für Anfänger! Als Reitbegleiter sind sie häufig auch zu groß und schwer. Zu dieser Gruppe gehören der ungarische Kuvasz, der Komondor, Pyrenäen Berghund, Akbash, Kangal, osteuropäische Owtscharkas und andere. Viele dieser Rassen fallen neuerdings ebenfalls unter »gefährliche Hunde« im Sinne der Gefahrhundeverordnungen mancher Bundesländer.

Veranlagungen, Triebe und Wunderhunde

Auch der beliebte Labrador Retriever ist ursprünglich ein Jagdhund - allerdings ist er nicht auf das Hetzen und Stellen von Wild spezialisiert, sondern auf das Apportieren erlegter Stücke.

Nie unterschätzen sollte man Energie und Draufgängertum der Terrier-Rassen - auch dieser kleine Border Terrier ist ein echtes Raubein.

Jagdhunde

Wie bereits erwähnt, ist Jagdhund nicht gleich Jagdhund, da es innerhalb dieser Gruppe viele Spezialisten mit zum Teil sehr unterschiedlichen Aufgabengebieten gibt. Für den nicht so erfahrenen Hundehalter kommen aus dieser Gruppe nur die Apportierhunde, also Golden Retriever, Labrador Retriever oder andere, zum Teil in Deutschland noch recht seltene Retriever-Rassen in Frage. Alle anderen Jagdhunde sind nur sehr bedingt und bei sehr guter Ausbildung und einwandfreiem Gehorsam als Reitbegleithunde geeignet. Viele Züchter geben Hunde solcher Rassen wie Weimaraner oder Münsterländer sogar nur an Jäger ab.

Terrier

Der Begriff »Terrier« leitet sich vom lateinischen »Terra«, Erde, ab - diese Hunde sind dazu gezüchtet, Wild oder kleine Raubtiere wie Marder und Iltis, aber auch Ratten bis in deren unterirdische Bauten zu verfolgen und dort zu stellen. Sie sind unerschrocken, zäh, beweglich und richtige »kleine Krieger«, also eigentlich alles andere als Schoßhunde, zu denen heute viele der kleinen Terrierrassen wie der »Westie« oder »Yorkie« gerechnet werden. Sie sind sehr eigenständig und nicht unbedingt leicht zu erziehen! Der größte aller Terrier, der Airedale-Terrier, ist dagegen trotz allem Kampfgeist recht kooperativ und kann auch als Reitbegleiter eine gute Figur machen.

Veranlagungen, Triebe und Wunderhunde

Die Liebe der Beduinen galt nicht nur edlen Pferden, sondern auch Windhunden. Nicht vergessen darf man, dass diese schnellen Hunde ursprünglich zur Hetzjagd auf Wild gezüchtet wurden - sie sind deshalb als Reitbegleithunde nur sehr bedingt zu empfehlen!

Windhunde

Windhunde erscheinen auf den ersten Blick gut als Reitbegleithunde geeignet - schließlich sind sie zum Laufen geboren! Und sicher träumt so mancher Araberreiter vom eleganten Sloughi, dem Hund der Beduinen, als passendem Begleiter. Dabei darf aber nicht vergessen werden, dass auch Windhunde ursprünglich Jagd- bzw. Hetzhunde sind. Dabei verfolgen sie ihre Beute weniger mit der Nase, als vielmehr mit den Augen - sich schnell bewegende Gegenstände lösen also leicht den Hetztrieb aus, der dann kaum noch zu kontrollieren ist. Natürlich kann man auch das mit geduldiger Arbeit in den Griff bekommen, aber von ihrem Naturell her sind diese Hunde nicht unbedingt als Begleithunde in Feld und Wald geeignet.

Jetzt haben Sie eine grobe Orientierung, in welcher Rassegruppe Sie Ihren Wunschhund suchen sollten und warum. Fragen Sie sich bei jeder Rasse, die Ihnen vom Äußeren her gefällt und die Sie interessiert, wozu sie ursprünglich gezüchtet wurde und was ihre Hauptaufgabe war und fragen Sie sich, ob die entsprechenden Eigenschaften mit den Anforderungen an einen Reitbegleithund kompatibel sind. Dann liegen Sie auf alle Fälle nicht ganz falsch!

Die Top Ten bei Pferdeleuten

Bestimmte Hunderassen sind bei Reitern besonders beliebt - einige von ihnen sind auf den nächsten Seiten etwas näher unter die Lupe genommen.

Veranlagungen, Triebe und Wunderhunde

Australian Shepherd

Border Collie

Die Nummer eins bei den Westernreitern und die klassische Ergänzung zum Quarter Horse! Trotz seines Namens ist dieser lebhafte Hütehund gar kein Australier, sondern ein Amerikaner. Er wird oft als der ideale Reitbegleithund beworben, braucht aber genauso Ausbildung und Erziehung wie jeder andere Hund auch. Vorteilhaft ist lediglich, dass viele seiner Züchter auch Pferdehalter sind und die Welpen deshalb Pferde von klein auf kennen. Australian Shepherds kommen in vielen Farben vor, oft haben sie blaue oder verschiedenfarbige Augen.

Pro: Sehr gelehrig und eifrig, ausdauernd und leistungsbereit, pflegeleicht und robust.

Contra: Starker Arbeits- und Hütetrieb, der in richtige Bahnen gelenkt werden muss. Der »Aussie« braucht genügend Auslauf und »geistige Nahrung«, damit sich keine Verhaltensprobleme entwickeln.

Der smarte Hütehund aus dem Norden Britanniens zählt auch zu den Vorfahren des Australian Shepherd. Neben der langhaarigen Variante (Bild) gibt es auch eine kurzhaarige, außer den bekannten schwarz-weißen Hunden kommen auch rot-weiße, dreifarbige (tri-colour) oder bluemerle-farbige vor.

Pro: Äußerst gelehrig und intelligent, großer Arbeitseifer, gute Größe, robust und ausdauernd.

Contra: Starker Hütetrieb, der zum Jagdtrieb werden kann, wenn er nicht ausgelebt oder rechtzeitig in andere Bahnen gelenkt werden kann. Bei geistiger und körperlicher Unterforderung oft sehr problematisch. Der für einen guten Hütehund notwendige »Heading Instinct«, d.h. der Drang, ein weglaufendes Tier zu überholen und zu stoppen, kann beim Reiten zum Problem werden. Wer ihm viel Beschäftigung und sachkundige Erziehung bieten kann, hat mit diesem cleveren und agilen Hund viel Spaß!

Veranlagungen, Triebe und Wunderhunde

Collie

»Lassie« ist immer noch beliebt! Aber selbst ein kluger Collie ist nicht von Natur aus ein Wunderhund, sondern braucht umsichtige Erziehung und Förderung, damit er seine Intelligenz für den Menschen einsetzt. Auch er ist ein Hütehund, der in seiner Heimat Schottland Jahrhunderte lang an Schafherden arbeitete; heute ist er eher von Hauptberuf Familienhund.

Offiziell unterscheidet man Langhaar- und Kurzhaar-Collies, die beide in verschiedenen Farben vorkommen.

Pro: Leicht erziehbar, sensibel, gute Größe, mittlerer Jagdtrieb.

Contra: Beim Langhaar-Collie pflegeintensives Haarkleid, leidet im Sommer leicht unter Hitze.

Hüteinstinkte ähnlich wie beim Border Collie, aber je nach Zuchtlinie oft weniger ausgeprägt, da kaum noch als Arbeitshund gezüchtet.

Dalmatiner

Der ursprünglich vom Balkan stammende »Tupfenhund« diente wegen seines attraktiven Haarkleides schon seit dem Mittelalter als Pferde- und Kutschenbegleiter der europäischen Aristokraten. Unermüdlich trabte er vor oder neben den Kutschen, um die Reisenden zu schützen, den Weg frei zu machen oder einfach gut auszusehen. In England wurde er als Begleiter der von Pferden gezogenen Feuerlöschzüge legendär und ist oft heute noch Maskottchen der Feuerwehr.

Pro: Wurde schon sehr früh speziell als Pferdebegleithund gezüchtet, deshalb meistens »guter Draht« zu Pferden. Wenig Jagdtrieb, sehr ausdauernd mit raumgreifenden Bewegungen, pflegeleicht, gut erziehbar.

Contra: Durch feines Fell empfindlich gegen nasskaltes Wetter. Je nach Zuchtlinie häufig Hautprobleme, leider manchmal auch Erbkrankheiten, besonders Taubheit.

Deutscher Schäferhund

Auch er bringt aus seiner Geschichte als Hütehund eine hohe Bereitschaft zur Kooperation mit dem Menschen mit und wird deshalb bei entsprechender Ausbildung in der Regel auch zum guten Reitbegleiter.

Eine gute Alternative zu ihm ist auch der Weiße Schäferhund, von Liebhabern des »Originals« oft verschmäht, aber mit vielen Qualitäten ausgestattet und oft mit weniger gesundheitlichen Problemen.

Pro: Gelehrig, ausdauernd, meist mutig und nervenstark, robust und pflegeleicht

Contra: Oft gesundheitliche Probleme durch stark abfallende Rückenlinie und HD. Je nach Hund stärkerer Jagdtrieb und »Schärfe« verlangen sorgfältige Erziehung. Sehr draufgängerische Individuen können im Umgang mit dem Pferd problematisch sein und dazu neigen, Pferde zu jagen oder zu verbellen.

Golden Retriever

Wie auch der Labrador Retriever ist dieser populäre Hund urspünglich ein Jagdhund, der in England zum Appportieren von erlegtem Wild gezüchtet wurde. In Deutschland wird er kaum zur Jagd eingesetzt, ist aber wegen seines freundlichen Wesens als Familienhund weit verbreitet. Wenn eventuell vorhandener Jagdtrieb schon beim Junghund unterdrückt wird, wird aus ihm auch ein guter und angenehmer Pferdebegleiter.

Pro: Hohe Bereitschaft zur Kooperation mit dem Menschen, vielseitig talentiert, leicht erziehbar, bewegungsfreudig, sehr freundlich, gute Größe.

Contra: Mittlerer Jagdtrieb, der aber kontrolliert werden kann; manchmal ängstlich gegenüber Pferden.

Veranlagungen, Triebe und Wunderhunde

Berner Sennenhund

Irish Setter

Eine sehr alte Rasse, die Jahrhunderte lang der typische Schweizer »Bauernhund« war. Er diente als Wächter und Beschützer von Haus, Hof und Herde oder als Zughund im Geschirr. Ein kräftiger, kompakter und bei entsprechender Bewegung auch muskulöser Hund von imposantem Aussehen.

Pro: Wenig Jagdtrieb, ruhig und freundlich, gut erziehbar.

Contra: Häufig zu schwer und wenig sportlich, nur leichtere Typen kommen in Frage. Leider oft Disposition zu Gelenkerkrankungen wie Dysplasie der Hüft- oder Ellbogengelenke oder Kreuzbandrisse, besonders bei Hunden mit höherem Körpergewicht. Ruhiges und regelmäßiges Ausdauertraining kann helfen, Probleme zu vermeiden. Kurzzeit-Belastungen sind für ihn extrem schädlich.

Gut für Reiter, die es etwas ruhiger lieben.

Ein Bild von einem Hund - aber ein Jagdhund durch und durch mit allen daraus entstehenden Konsequenzen! Ein sensibles und temperamentvolles »Vollblut« unter den Hunden, das einen besonnenen und sehr erfahrenen Besitzer braucht. Nur bei äußerst sorgfältiger Ausbildung aus erfahrener Hand ist es überhaupt denkbar, einen Setter in Feld und Wald von der Leine zu lassen. In der Regel werden nur Jäger den Bedürfnissen dieser Hunde wirklich gerecht, Setter als »Nur-Begleithunde« sind selten ausgeglichen und zufrieden.

Pro: Sehr lauffreudig und ausdauernd, gute Größe.

Contra: Sehr starker Jagdtrieb, als Reitbegleithund eher abzuraten oder nur für sehr erfahrene Hundeleute. Entsprechendes gilt für die anderen Setter-Rassen Gordon Setter und Rotweißer irischer Setter.

Jack Russell Terrier

Siberian Husky

Bei Pferdeleuten einer der beliebtesten Hunde überhaupt, vor allem in »klassischen« Spring- und Dressurställen. Er diente aber ursprünglich nie als Reitbegleiter, sondern als Mäuse- und Rattenjäger im englischen Pferdeställen neben seinem »Hauptberuf« als Jagdhund für die Arbeit in den unterirdischen Bauten von Fuchs, Dachs & Co. Trotz der geringen Größe ein echter Wirbelwind voller Kraft und Energie.

Pro: Sehr lebhaft, furchtlos, robust und ausdauernd, pflegeleicht.

Contra: Starker Jagdtrieb, sehr selbstbewusst und relativ schwer erziehbar, sehr klein (25 - 40 cm Schulterhöhe).

Insgesamt eher ein sehr sympathischer Hund für »Hof und Stall« denn Begleiter bei Ausritten.

Er ist vor allem wegen seines ursprünglichen Aussehens beliebt, ihm haftet der »Ruf der Wildnis« geradezu an!

Leider ist er als Reitbegleithund aber überhaupt nicht geeignet, da sein Jagdtrieb sehr stark und sein Appell sehr schlecht ist. Selbst Husky-Leute mit jahrzehntelanger Erfahrung berichten, dass es nicht möglich ist, diesen unabhängigen Hund von der Leine zu lassen. Super als Schlittenhund, aber sparen Sie sich die Enttäuschung,einen Husky als Pferdebegleiter zu wählen!

Mischling

Zum guten Schluss darf natürlich auf gar keinen Fall die in Mitteleuropa am weitesten verbreitete Rasse überhaupt vergessen werden: Der Mischling! Vom »Labradudel« über den »gedackelten Spitz« bis zum »Schnauzschäfer« ist in Deutschlands Wohnungen und Ställen alles mögliche zu finden. Oft sind gerade Mischlinge

Veranlagungen, Triebe und Wunderhunde

Der beliebteste und am weitesten verbreitete Hund Mitteleuropas: Der Mischling!

besonders robust und vital, da das in der Rassenhundezucht häufig vorkommende Problem der zu engen Verwandtschaftszucht nicht auftritt. Ob sie sich als Reitbegleithund eignen, ist natürlich im Einzelfall zu überprüfen und hängt davon ab, was der Hund von seinen beiden Elternteilen mitbekommen hat. Ein Mischling aus Jagdhund und Herdenschutzhund ist sicher sehr problematisch, während einer aus Collie und Pudel vielleicht sogar sehr gut geeignet ist.

Übrigens gibt es seit 1994 auch eine eigens kreierte »Mischlingsrasse«, die für Reiter sehr interessant sein dürfte: Der »Wäller«, entstanden aus einem Mix zwischen Briard und Australian Shepherd. Dies sind sehr vitale, robuste Hunde mit guten Gebrauchseigenschaften, aber auch einem Hütetrieb, der frühzeitig in die richtigen Bahnen gelenkt werden muss.

Das Deckelchen zum Töpfchen

Bei vielen Reitern ist die Versuchung groß, sich einen Hund passend zur Pferderasse zu kaufen: den Barsoi zum Achal Tekkiner etwa, den Islandspitz zum Islandpferd, den norwegischen Buhund (der heißt wirklich so!) zum Fjordpferd oder den Irish Setter zum Irish Hunter. Und ein getüpfelter Dalmatiner sieht neben einem Knabstrupper Tigerscheck natürlich umwerfend aus!

Aber Vorsicht: Lassen Sie sich bei der Auswahl Ihres Hundes nicht von Äußerlichkeiten oder Modetrends lenken. Dass Hunde- und Pferderasse aus

Veranlagungen, Triebe und Wunderhunde

Im Dalmatiner-Zwinger »Vom Kirbach« sind nicht nur die Hunde gefleckt!

dem gleichen Land oder aus der gleichen Region stammen bzw. sich äußerlich ähneln, heißt noch lange nicht, dass sie auch von den inneren Werten her zusammenpassen und vor allem auch zu Ihnen passen!

Wenn Sie schon einen Hund haben
... und eventuell seine Vorgeschichte nicht genau kennen (weil er vielleicht aus dem Tierheim stammt) ist neben den bereits erwähnten Eigenschaften eines ganz besonders wichtig: Wie benimmt sich der Hund gegenüber Pferden? Wenn er sie nur noch nicht kennt, sollte das kein größeres Problem sein und Sie können ihn langsam an die neuen Bekannten heranführen. Weniger günstig sieht es aber aus, wenn er in seinem Leben schon einmal negative Erfahrungen mit Pferden gemacht hat, z.B. gebissen oder getreten wurde. In diesem Fall reagiert er ängstlich oder aggressiv auf Pferde und es ist sehr schwer, in vielen Fällen leider auch unmöglich, aus ihm einen verlässlichen Reitbegleithund zu machen. So schwer es fällt: lassen Sie ihn beim Reiten lieber zuhause, Sie tun ihm damit letztendlich einen Gefallen!

Artgerechte Haltung in der Herde ist die Voraussetzung für ausgeglichene und nervenstarke Pferde, auf die man sich im Gelände verlassen kann.

Das Hundebegleitpferd

Hier soll es natürlich nicht um geeignete Pferderassen, sondern um den Ausbildungsstand des Pferdes gehen.

Und der ist recht hoch anzusetzen, wenn Sie mit Pferd und Hund in Feld und Wald wollen. Gemeint ist nicht die Beherrschung schwieriger Dressurlektionen, sondern die allgemeine Rittigkeit und Gehorsamkeit im Gelände.

Das Pferd muss in allen Gangarten sicher im Gelände zu kontrollieren sein, verkehrssicher, es soll seinem Reiter in unbekannten Situationen vertrauen und ruhig stillstehen können, auch wenn es einmal länger als ein paar Sekunden dauert.

Schließlich möchten Sie nicht, dass Ihr unruhig hin- und her tanzendes Pferd Ihrem Hund auf die Pfoten tritt, wenn Sie versuchen, ihn anzuleinen. Auch wäre es denkbar ungünstig, wenn Sie Ihrem Hund in mühevoller Erziehungsarbeit beigebracht haben, erst auf Ihr Kommando hin aus dem »Sitz« aufzustehen, wenn das Pferd nach dem Aufsitzen gleich losrennt und Ihr sitzen gelassener Hund nicht einsieht, warum er warten soll, wenn der große Kumpel doch schon unterwegs ist.

Veranlagungen, Triebe und Wunderhunde

Die hierfür nötige Ausgeglichenheit bringen vor allem Pferde aus Auslauf- oder Offenstallhaltung mit, seltener solche, die in der Box gehalten werden und nur ein- bis zweimal pro Woche ins Gelände kommen.

Da Sie Ihren Hund auch ab und zu vom Pferd aus an die Leine nehmen müssen, müssen Sie Ihr Pferd unbedingt einhändig reiten können. Das verlangt natürlich auch von Ihnen ein gewisses reiterliches Können und einen sehr unabhängigen Sitz.

Wenn Sie sich im Gelände noch ständig auf Ihr Pferd konzentrieren und häufig korrigierend einwirken müssen oder eventuell noch mit Ihrer eigenen Unsicherheit kämpfen, dann lassen Sie bitte den Hund zuhause. Nichts ist schlimmer als ein junges, unerfahrenes, temperamentvolles und ungestümes Pferd in Kombination mit einem aufgeregt um es herumspringenden Hund, der sich zum Spielen animiert fühlt!

Sie können sich, vor allem zu Beginn der Reitbegleithunde-Ausbildung, nur dann adäquat um Ihren Hund kümmern, wenn das Reiten für Sie quasi Nebensache ist und ganz selbstverständlich funktioniert. Je unsicherer der Hund ist, desto ruhiger muss das Pferd sein und umgekehrt.

Wenn Sie noch kein erfahrener Geländereiter sind, dann arbeiten Sie zunächst nur an der Verbesserung Ihrer Sicherheit und der des Pferdes im Gelände, bevor Sie daran denken, auch noch den Hund mitzunehmen.

Natürlich spricht aber nichts dagegen, in der Zwischenzeit gemeinsam mit Pferd und Hund und idealerweise einer Hilfsperson schon einmal in der umzäunten Sicherheit des heimischen Reitplatzes ein paar Grundübungen zu absolvieren, wie sie im Kapitel »Die Grundschule« beschrieben sind.

Was für den Hund gilt, gilt natürlich auch für das Pferd: Leidet es eventuell unter den Folgen schlechter Erfahrungen mit Hunden? Wurde es gejagt oder gebissen? Leider kommt es ja auch immer wieder vor, dass Weidepferde, vor allem Fohlen, von Hunden böse zugerichtet werden.

Pferde mit solchen traumatischen Erfahrungen sind in aller Regel nicht mehr dazu geeignet, mit Hunden zusammen zu arbeiten. Sie stünden nicht nur unter Dauer-Stress, sondern wären auch, selbst wenn das gemeinsame Ausreiten leidlich klappen sollte, niemals wirklich verlässlich gegenüber dem Hund. Sie versuchen auszuweichen oder den Hund anzugreifen, und das meistens ausgerechnet in den Situationen, in denen Sie nicht darauf gefasst waren oder in denen es besonders brenzlig ist - wenn es eng wird zum Beispiel, weil Ihnen auf einem rechts und links von Stacheldrahtzäunen eingerahmten Weg ein Traktor

Veranlagungen, Triebe und Wunderhunde

Nicola zeigt hier sehr schön, was mit einem lockeren, unabhängigen Sitz bei einhändiger Zügelführung gemeint ist. Die entspannte Haltung spiegelt sich auch in der Araberstute Salamanca und in Scottish Deerhound Milo wieder.

engegenkommt. Sicher ist mit geduldiger Arbeit viel zu erreichen, aber ein Unsicherheitsfaktor bleibt und ich würde es persönlich nicht riskieren, ein solches Pferd zum »Hundebegleitpferd« machen zu wollen.

Wohlgemerkt: Wir sprechen hier von Verletzungen und Schockerlebnissen, nicht von einem leichten Zwicken des Hundes in die Hinterbeine des Pferdes - deshalb ist sicher kein Pferd traumatisiert, das weiß es in der Regel sehr wohl einzuordnen!

Wie aus Feinden Freunde werden

Die erste Begegnung
a) beim Welpen

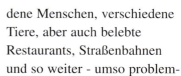

Kinder schließen immer am einfachsten Freundschaft. In meinem Heimatdorf lebten zur Zeit meiner Kindheit zahlreiche amerikanische Familien, deren Väter beim Militär stationiert waren. Die kleinen Amerikaner sprachen kein Wort Deutsch und wir natürlich kein Wort Englisch - aber im Sandkasten waren alle gleich und wir vertrugen uns prächtig, sofern sich kleine Kinder länger als ein paar Minuten am Stück vertragen können.

Was ich damit sagen möchte: Die Chancen, dass Ihr Hund später gut mit Pferden zurecht kommt und Ihr Pferd gut mit Hunden, stehen umso besser, je früher in ihrem Leben beide miteinander Bekanntschaft machen und je positiver diese ersten Begegnungen verlaufen.

Welpen durchlaufen in den ersten Wochen ihres Lebens eine wichtige, später nie mehr wiederkehrende Phase, die der so genannten Sozialisation. Zwischen der vierten und vierzehnten Lebenswoche gemachte Erfahrungen bestimmen fürs ganze Hundeleben, wer später Freund ist und wer Feind. Je mehr ein Welpe in diesen frühen Wochen von der Welt sieht - verschiedene Menschen, verschiedene Tiere, aber auch belebte Restaurants, Straßenbahnen und so weiter - umso problemloser kommt er später mit alledem zurecht. Aus dem gleichen Grunde wurden und werden die Welpen von Herdenschutzhunden übrigens schon sehr früh mit Schafen bekannt gemacht und wachsen unter ihnen auf!

Geradezu ideal wäre es also, wenn Sie einen Welpen von einem Züchter kaufen, der vielleicht sogar selbst Pferde hat und bei dem Hunde und Pferde harmonisch miteinander umgehen.

Aber keine Angst, es ist natürlich kein Beinbruch, wenn Ihr Welpe während der ersten vierzehn Lebenswochen kein einziges Pferd gesehen hat. Es wäre nur vieles etwas einfacher!

Die Hauptsache ist aber (und das muss oberstes Gesetz bei jedem Welpenkauf sein): der Welpe muss Menschen kennen! Welpen, die nur im Zwinger groß werden und denen man einmal am Tag Futter hineinschiebt, werden nie zu leicht erziehbaren Familienhunden, die sich dem Menschen eng anschließen.

Ein ansonsten gut sozialisierter Welpe, der noch keine Pferde kennen gelernt hat, wird sich, wenn er seinem

Wie aus Feinden Freunde werden

Menschen vertraut, auch diese für ihn zunächst einmal unheimlichen, großen Tiere gerne näher ansehen.

Wenn irgend möglich, sollten Sie also den Welpen so früh wie möglich mit zu den Pferden nehmen. Geben Sie Acht, dass das erste Kennenlernen für den kleinen Hund positiv verläuft! Nehmen Sie ihn auf den Arm und zeigen Sie ihm vorsichtig das große, unbekannte Tier. In der Regel wird das interessiert, aber vorsichtig schnuppern und schauen, was Sie da für ein Fellbündel auf dem Arm haben. Der Hund hat derweil voraussichtlich eher Angst. Reden Sie ihm ermunternd zu und zeigen Sie ihm gleichzeitig durch Berühren des Pferdes, dass man vor diesem Kameraden keine Angst haben muss und dass er »zur Familie gehört«. Halten Sie es kurz und gehen Sie dafür lieber öfter mit dem Welpen zum Pferd.

Am einfachsten ist es, wenn Pferd, Hund und Mensch gewissermaßen im gleichen Hausstand leben. Dann ist der kleine Hund schon bald bei der täglichen Stallarbeit dabei (zunächst sicher abgeschirmt hinter der Türe!) und wächst ganz selbstverständlich mit den Pferden auf.

Passen Sie auf, dass der Welpe oder Junghund nie in Stall oder Auslauf bzw. Weide zwischen die Pferdebeine gerät! So ein Pferdetritt ist nicht nur schmerzhaft, sondern eventuell

Wiebke zeigt ihrer kleinen Border Collie Hündin Joy, dass auch der große Shir-Khan zur Familie gehört. Der Grundstein für eine gute Beziehung ist gelegt!

sogar tödlich! Erst viel später, wenn der Hund Pferde schon gut aus sicherer Entfernung kennen gelernt hat, darf er in der Nähe von Pferden auch frei laufen.

Kommen Sie bitte nie auf die Idee, einen Hund in der Nähe von Pferden anzubinden! Der arme Kerl ist so völlig wehrlos Hufen und Zähnen ausgeliefert.

Wie aus Feinden Freunde werden

Die ersten Kontaktversuche sollten Sie natürlich nur mit einem Pferd machen, das erwiesenermaßen nichts gegen Hunde hat. Pferde, die schon einmal negative Erfahrungen mit Hunden gemacht haben und gebissen wurden, könnten nun selbst nach dem Welpen beißen! Und dann können Sie den Traum von einer weiteren Karriere als Reitbegleithund ganz schnell wieder begraben.

b) beim erwachsenen Hund
Ganz häufig ist es natürlich so, dass ein schon erwachsener Hund mit Pferden konfrontiert werden soll. In diesem Fall haben Sie es etwas schwerer, aber die Aufgabe ist lösbar!

Voraussetzung hierbei ist, dass Ihr Hund bereits leinenführig ist und die wichtigsten Grundkommandos (Sitz, Fuß, Platz, Hier) kennt und Ihnen vertraut.

Ein guter Weg ist es, sich sozusagen unauffällig mit dem angeleinten Hund an Pferde heranzutasten und die Pferde erst einmal gar nicht zu beachten. Spazieren Sie am besten zunächst mit dem Hund an der Leine am angebundenen oder festgehaltenen Pferd vorbei und, ganz wichtig, reden Sie dabei nicht beruhigend auf Ihren Hund ein! Je mehr Sie ihm schon im Vorfeld mit Ihrem Gerede versichern wollen, dass ja nichts passiert, desto mehr verunsichern Sie ihn. Sie machen ihn dadurch erst darauf aufmerksam, dass von diesem großen Tier wohl eine Gefahr ausgehen muss. Folglich wird er sich entweder ängstlich hinter Ihnen verkriechen oder die Flucht nach vorn antreten und das Pferd ankläffen! Sie tun also völlig selbstverständlich und so, als sei da gar kein Pferd. Jetzt müssen Sie sich gut konzentrieren: sobald Ihr Hund auf das Pferd aufmerksam wird, lenken Sie ihn ab. Das geht gut mit einem Hundespielzeug, das Sie in die andere Richtung werfen, mit einer Plastiktüte, die Sie in Ihrer Jackentasche rascheln lassen oder einer Übung, die Ihr Hund schon gut kann und die er gerne ausführt (zum Beispiel Pfötchen geben und anschließend Belohnung bekommen). Lassen Sie sich etwas einfallen - wichtig ist nur, dass der Hund seine Aufmerksamkeit auf Sie lenkt anstatt auf das Pferd.

Bewegen Sie sich also zu Beginn möglichst oft mit Ihrem Hund in der Nähe von Pferden, ohne die Pferde wirklich zu beachten. Pferd? War da ein Pferd? Nein, Hund, hier auf mich sollst Du Dich konzentrieren, ich biete Dir ein spannendes Programm!

Schon bald werden Sie feststellen, dass die Anwesenheit der Pferde als selbstverständlich hingenommen wird. Auch das Pferd hat sich bislang nicht sonderlich für diesen Hund interessiert, der ja anderweitig beschäftigt zu sein scheint. Vielleicht ist es Ihnen ja

Wie aus Feinden Freunde werden

Bewegen Sie sich mit einem Hund, der noch keine Pferde kennt, zu Beginn ganz zwangslos und wie zufällig in der Nähe von Pferden und tasten Sie sich allmählich näher heran.

nach Absprache auch einmal erlaubt, mit angeleintem Hund in der Mitte des Reitplatzes ein wenig umherzuspazieren, während die Reiter am Schluss der Stunde ihre Pferde trockenreiten.

Wenn das alles gut klappt, ist der Zeitpunkt gekommen, zu dem Sie sich näher herantasten können.

Damit alles nach Plan verläuft, brauchen Sie am besten eine Hilfsperson, die mit Pferden umgehen kann.

Dieselbe nimmt jetzt das Pferd ans Halfter und geht auf Reitplatz oder Wiese umher, während Sie mit dem angeleinten Hund ebenfalls dort herumspazieren - zunächst einmal weiter entfernt. Wichtig ist, dass sowohl Pferd als auch Hund »am Bändel« gehalten werden, damit die erste nähere Begegnung immer unter Kontrolle bleibt. Wild auf der Koppel umhertobende Pferde schaffen sicher nicht die besten Voraussetzungen für ein ruhiges Kennenlernen.

Gut wäre es, wenn Ihr Hund die Person, die das Pferd führt, kennt und wenn Sie sich jetzt mit dieser Person übers Wetter oder das Fernsehprogramm von gestern unterhalten würden. Das signalisiert Ihrem Hund:

Wie aus Feinden Freunde werden

»Kein Grund zur Beunruhigung!« Auch hier gilt: Zuviel »Getue« verunsichert beide Tiere und signalisiert ihnen außergewöhnliche Umstände, vielleicht sogar Gefahr!

Ängstliches Abstandhalten zum Pferd ist in diesem Stadium ebenso falsch wie zu forsches Herangehen. Tun Sie immer so, als sei alles die selbstverständlichste Sache von der Welt. Versuchen Sie auch selbst einmal, Ihre eigene Körperhaltung kritisch zu analysieren: sind Sie wirklich entspannt oder nicht? Gehen Sie locker, sind Ihre Schultern unverkrampft, halten Sie die Luft an? Glauben Sie ja nicht, Hunde und auch Pferde würden solche Kleinigkeiten nicht registrieren!

Vielleicht haben Sie es beim Reiten selbst schon einmal bemerkt: Wenn Sie im Gelände einen Gegenstand erspähen, von dem Sie annehmen, dass Ihr Pferd vor ihm scheuen könnte und als Vorsichtsmaßnahme die Zügel kürzer nehmen, steigern Sie damit die Wahrscheinlichkeit, dass Ihr Pferd wirklich scheut, enorm. Sie haben es erst auf die drohende »Gefahr« aufmerksam gemacht und es folgert: »Mein Reiter hat vor etwas Angst, er verspannt sich, also muss hier was ganz Gefährliches sein! Nix wie weg!« Es kann nicht ahnen, dass Ihre Angst nicht dem gefährlichen Gegenstand, sondern dem Sprung zur Seite gilt.

Der alte Reiterspruch »Wirf Dein Herz über die Hürde und Dein Pferd springt ihm nach« beinhaltet sehr viel Wahres!

Beim Hund funktioniert das genauso: Wenn Sie in Anbetracht der möglichen Reaktion auf das Pferd die Leine kürzer nehmen, signalisieren Sie ihm, auch wenn Sie mit Worten vielleicht etwas anderes sagen: »Das Pferd da ist gefährlich! Lass es uns gemeinsam angreifen oder flüchten!« Die oberste Devise lautet deshalb: Locker bleiben, auch wenn's schwer fällt!

Bauen Sie auch hier wieder Ablenkungen für Ihren Hund ein, damit er sich in erster Linie auf Sie konzentriert und nicht auf das Geschehen rundum. Lassen Sie Ihren Hund auch mal an Ihren Händen schnuppern, nachdem Sie das Pferd gekrault haben. Aha, so riecht der neue Genosse!

Allmählich tasten Sie sich näher heran, bis Sie neben dem Pferdeführer hergehen können. Gehen Sie nie direkt hinter das Pferd und nähern Sie sich ihm auch nicht schräg von hinten mit dem Hund!

Investieren Sie lieber etwas zu viel Zeit in diese Grundschule als zu wenig. Erst wenn Ihr Hund und Sie sich völlig ruhig in der Nähe von Pferden bewegen können und der Hund auf Sie achtet, können Sie mit speziellen Übungen fortfahren.

Wie aus Feinden Freunde werden

Merkregeln für die Gewöhnung von Hund und Pferd aneinander

- Führen Sie zu Beginn keine direkte Konfrontation herbei, sondern suchen Sie wie beiläufig die Nähe von Pferden auf und konzentrieren den Hund mit Spielzeug oder Futter auf sich.

- Tasten Sie sich allmählich näher heran.

- Vermitteln Sie dem Hund auch mit Ihrer Körpersprache Entspanntheit.

- Reden Sie nicht unnötig auf Ihren Hund ein.

- Schaffen Sie im Kopf des Hundes eine Verknüpfung zwischen der Anwesenheit von Pferden und etwas Angenehmem (Spiel, Futter)

- Gehen Sie schließlich mit angeleintem Hund neben dem Pferd her, das von einem Helfer geführt wird. Unterhalten Sie sich mit dem Helfer anstatt mit Ihrem Hund.

Anstandsregeln

Von Beginn an müssen sowohl der Hund als auch das Pferd Anstandsregeln im Umgang miteinander lernen. Beide müssen sich nicht unbedingt lieben, aber auf jeden Fall respektieren.

Es ist Ihre Sache, von Anfang an unmissverständlich klar zu machen, dass Pferde nicht angebellt oder gejagt und Hunde nicht bedroht oder getreten werden dürfen. Seien Sie wachsam und ersticken Sie jeden Ansatz schon im Keim!

Achtung Futterneid!

Futterneid kann die ansonsten bravsten Pferde zu wilden Bestien werden lassen. Typisch für diese Situationen ist, dass rangniedere Pferde, die von einem ranghöheren verscheucht oder »angegiftet« werden, ihren Frust am Nächstschwächeren auslassen. Das kann dann schnell auch der Hund sein! Obacht also nicht nur beim Kraftfutter füttern, sondern auch beim Verteilen von Leckereien auf der Weide - so etwas sollte zur Vermeidung von Konfliktsituationen besser vermieden werden! Wenn Sie schon Leckerchen füttern, dann an Pferd und Hund!

Übrigens zeigen sehr oft auch Hunde gegenüber den Pferden Futterneid und versuchen sogar, den Pferden das Futter zu stehlen! Selbst wenn Hunde eigentlich gar keinen Hafer fressen oder mögen: allein die Tat-

Wie aus Feinden Freunde werden

sache, dass die großen Kameraden etwas scheinbar sehr Leckeres bekommen, reicht bei futtergierigen (um nicht zu sagen: verfressenen) Hunden oft aus, dass sie das Objekt der Begierde auch ergattern möchten. Zahlreichen Berichten zufolge gibt es unter den Hunden von Pferdeleuten überdurchschnittlich viele, die mit Hingebung Mohrrüben, Äpfel, trockenes Brot, Kräutermüsli, Hafer & Co. fressen! Nun ist diese Nahrungsergänzung für Hunde zwar nicht schädlich, trotzdem sollte das Futterklauen sofort und konsequent unterbunden werden. Es dezimiert nicht nur die Ration des Pferdes, sondern fordert das Schicksal geradezu heraus: kein Pferd lässt sich das lange gefallen und wird den Dieb bald gnadenlos verfolgen!

Unser eigener Hund muss sogar weggesperrt werden, wenn wir unseren Pferden Wurmkurpaste verabreichen: die aus dem Maul fallenden Reste werden ansonsten von ihm blitzgeschwind noch in der Luft aufgefangen! Und dabei schmecken sie garantiert nicht ...

Einen großen Schrecken hat er uns einmal eingejagt, als eines unserer Pferde bei einer tierärztlichen Behandlung einmal eine Dosis Sedalin-Paste zur Ruhigstellung verpasst bekam. Wir hatten vor lauter Sorge um das Pferd nicht auf den Hund aufgepasst, der prompt einen Rest der Paste erwischte und für die nächsten paar Stunden ziemlich wacklig auf den Beinen war. Wir konnten nur von Glück sprechen, dass die Dosis nur gering war und nichts passiert ist. Eine solche Dummheit passierte uns nie wieder!

Geben Sie auch Acht, dass weder Ihr Pferd noch Ihr Hund je an trockene Zuckerrübenschnitzel geraten, die im Magen quellen und schwerste Koliken beim Pferd bzw. Magendrehungen beim Hund verursachen können. Aufmerksamkeit und Sauberkeit in der Futterküche sind also oberstes Gebot!

Jagen verboten

Verbieten Sie dem Hund von Welpentagen an konsequent und ohne Ausnahme, ein Pferd zu verbellen oder Jagdversuche zu machen. Jagen ist auch dann nicht tolerabel, wenn ein Zaun zwischen Pferd und Hund ist!

Dieses »Jagen« fängt oft nur allzu harmlos an und ähnelt eher einem fröhlichen Spiel, bei dem Hund und Pferde gemeinsam über die Koppel tollen. Aus diesem »Spiel« wird aber fast immer sehr schnell bitterer Ernst, deshalb gilt: Wehret den Anfängen! Beim Welpen ist es noch relativ einfach, solches Verhalten im Keim zu ersticken und jedes Knurren, Bellen oder Losspringen in Richtung Pferd sofort zu bestrafen. Meist reichen dazu schon ein scharfes Wort und anschließend ein »Ablenkungsmanöver« wie

Wie aus Feinden Freunde werden

Vorsicht beim Toben auf der Weide!
Noch wirkt es eher wie eine Aufforderung zum Spiel (links), aber schnell kann die Stimmung umschlagen und Aggression auf beiden Seiten entstehen (rechts)!

das Klappern mit einem Schlüsselbund, das Werfen eines Hundespielzeuges oder sonst etwas, das die Konzentration des Hundes vom Pferd weg und auf Sie lenkt. Versuchen Sie möglichst immer, Ersatzhandlungen für den Hund zu finden, damit er die in sich angestaute und unterdrückte Energie anders loswerden kann.

Sanktionieren Sie umgekehrt auch Ihr Pferd mit einem strengen »NA!«, wenn es den Hund grundlos androht oder gar versucht, ihn quer über die Koppel zu jagen. Pferde verstehen sehr gut, was gemeint ist. Schließlich ist für sie auch das Streiten untereinander tabu, sobald Sie sich zwischen den Tieren befinden (zumindest sollte es so sein!).

Hengste und dominante Wallache werden eher versuchen, mit gesenktem Kopf auf den Hund loszugehen und mit den Vorderbeinen nach ihm zu schlagen, während Stuten eher dazu neigen, sich blitzschnell umzudrehen und mit der Hinterhand zu keilen.

Wenn der Hund das Pferd erziehen will

Sehr häufig kommt die Situation vor, dass der Hund seinem Menschen bei der vermeintlichen »Verteidigung« gegen die Pferde beistehen möchte. Besonders bei Hunden mit ausgeprägtem Schutztrieb, aber auch Hütehunden ist diese Gefahr groß. Sobald der Mensch seine Stimme tadelnd gegen ein Pferd erhebt oder es mit einer plötzlichen Armbewegung von sich wegscheucht, fühlen sich solche

Wie aus Feinden Freunde werden

Hunde verpflichtet, sich einzumischen und springen bellend in Richtung Pferd los. Gerade bei Hunden mit sehr ausgeprägtem Hüteinstinkt ist dieser Trieb fast übermächtig. Und für ein erfolgreiches Arbeiten an der Schafherde ja auch wichtig und richtig!

Sie müssen Ihrem Hund aber von Beginn an ausdrücklich klar machen, dass seine Rolle als »Hilfssheriff« nicht erwünscht ist, wenn Sie mit dem Pferd umgehen.

Sicherlich gibt es auch Pferdehalter, die von der Arbeit mit Hütehunden wirklich etwas verstehen und sich die Veranlagungen ihrer Hunde auch zunutze machen können, um beispielsweise die Pferde von der Koppel hereinzuholen. Solches Tun erfordert aber sehr, sehr viel Können, Sachverstand, Kontrolle und behutsames Vorgehen, bei dem der Laie viel mehr falsch als richtig machen kann. Überlassen Sie das nur den echten Profis!

Deshalb gilt: Falls Sie sich mit frei laufendem Hund auf die Koppel oder in den Auslauf zwischen Pferde begeben, halten Sie den Hund immer bei sich und achten Sie auf ihn. Greifen Sie notfalls ins Halsband, wenn Sie ein Pferd tadeln müssen.

Der Hund hat auch nichts auf dem Reitplatz zu suchen, wenn Sie dort mit dem Pferd arbeiten. Wenn er von hinter der Umzäunung aus zusehen soll, üben Sie diese Situation zunächst mit einer Hilfsperson: der Hund muss verlässlich ruhig liegen und darf sich auch dann nicht mucksen, wenn das Pferd buckelnd an der Longe im Kreis herum fegt.

Wenn Hund und Pferd sich aber erst einmal kennen und respektieren gelernt haben, entstehen oft regelrechte Freundschaften!

Diese beiden kennen und vertrauen sich.

Das grosse Kauderwelsch

Drei Fremdsprachen - wie soll man sich da verstehen?
Bis hierher war schon häufiger davon die Rede, dass Sie als Mensch die Führung in Ihrem »gemischten Rudel« Pferd-Hund-Mensch übernehmen müssen. Dazu braucht es eines - eine gemeinsame Kommunikation, damit die drei nicht aneinander vorbei reden.

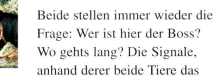

Unmöglich, meinen Sie auf den ersten Blick? Die Sprache »pferdisch« ist doch ganz anders als »hündisch«, die einen wackeln mit den Ohren, die anderen knurren, der dritte stößt komische Laute aus - und keiner versteht den anderen!

Wir müssen also eine gemeinsame Verständigungsebene schaffen, Esperanto für Mensch, Hund und Pferd sozusagen. Dazu müssen wir aber keine Sprache neu erfinden, sondern uns nur auf die gemeinsamen Vokabeln besinnen.

Im Fall unserer Konstellation haben wir das Glück, dass beide Tiere in hierarchischen Strukturen denken, das macht uns die Sache einfacher. Beide sind von Natur aus darauf »programmiert«, feinste Signale zu senden und zu empfangen, um mit den Mitgliedern ihrer Herde/ihres Rudels zu kommunizieren.

Beide stellen immer wieder die Frage: Wer ist hier der Boss? Wo gehts lang? Die Signale, anhand derer beide Tiere das erkennen, ähneln sich sehr!

In den Denkstrukturen beider gilt:

Der Boss übernimmt die Initiative, die anderen machen mit.

Ein wichtiges Grundprinzip, um sich zum Oberhaupt dieser beiden unterschiedlichen Tiere aufzuschwingen, lautet also: alle Handlungen gehen von Ihnen aus. Das verstehen sowohl Hund als auch Pferd als deutliches Signal einer ranghohen Position!

Ein kleines Beispiel aus dem Leben der Pferde: Nehmen wir an, eine gemischte Herde aus Isländern und Arabern lebt ganzjährig auf einer großen Weide mit Schutzhütte. Chef der Herde ist ein dominanter Islandwallach, rangniedrigstes Tier eine junge Araberstute. Es hat über Nacht geschneit und ist nun nasskalt. Der Isländer fühlt sich in seinem dicken Pelz s...wohl bei diesem Wetter, die junge Araberstute friert. Sie würde jetzt gerne in die Schutzhütte gehen, aber der Chef bleibt draußen. Und wo der ist, ist auch der Rest der Herde.

Ohne Diskussion! Erst wenn der irgendwann beschließt reinzugehen, gehen auch die anderen. Eher würde die junge Araberin erfrieren als von der Herde wegzugehen! Unlogisch und unvernünftig sieht das nur für uns Menschen aus, für die Pferde ist genau dieses Verhalten in freier Wildbahn wichtig und lebensrettend. Hier wäre es Aufgabe des Menschen gewesen, bei der Zusammenstellung der Herde auf mehr Ausgeglichenheit zu achten. Wäre es übrigens umgekehrt, der Araber ranghoch und der Isländer rangniedrig, würde letzterer sich bestenfalls ärgern, warum alle bei dem schönen Islandwetter drinnen rumstehen, aber er würde zumindest nicht krank! Und bei den Hunden? Da ist es ganz ähnlich! Das Alphatier bestimmt, wann sich das Rudel irgendwo hin bewegt, es geht vor, die anderen folgen.

Jetzt müssen Sie nur noch überlegen, wie Sie diese Dinge in Ihre Praxis umsetzen können. Gelegenheiten dazu gibt es Dutzende, wenn man einmal gründlich darüber nachdenkt. Einige der typischsten Situationen finden Sie auf der gegenüberliegenden Seite zusammengestellt

Das sind nur einige wenige Beispiele aus dem Alltag! Aber Sie haben schon erkannt, dass Pferd und Hund trotz all ihrer Unterschiede zumindest in dieser Hinsicht eine doch sehr ähnliche Sprache sprechen. Manches davon klingt ein bisschen wie Schikane, aber lassen Sie sich nicht von dieser vermenschlichenden Denkweise verunsichern. Am Ende tun Sie Ihren Tieren einen Gefallen, denn beide sind glücklich und zufrieden, wenn Sie erkannt haben. »Aha, ich habe einen Boss!« Denn einen Boss haben, heißt für beide Tiere, in Sicherheit zu sein. Für Sie heißt das, dass Ihre Tiere Ihnen nun einen ganz großen Vertauensvorschuss gegeben haben! Missbrauchen Sie dieses Vertrauen nicht und beweisen Sie, dass Sie ein guter Boss sind!

Werden Sie zum Diplomaten
Wie wir bereits an anderer Stelle festgestellt haben, ist Dominanz alleine aber nicht alles! Sie möchten schließlich keine Sklaven, sondern Partner. Dazu gehört auch, dass Sie hin und wieder ein bisschen deren Selbstständigkeit fördern. Das motiviert! Es schadet überhaupt nicht, wenn Sie Ihren Hund später im Gelände auch einmal vorausschicken, um den Weg zu erkunden (was er ja nach strenger Dominanz-Lehrmeinung nicht dürfte). Er wird sich wie ein Schneekönig über die ihm zugeteilte ehrenhafte Aufgabe freuen und Sie gerne erfüllen. Voraussetzung dabei ist nur, dass Sie ihn jederzeit wieder nach hinten rufen können!

Das große Kauderwelsch

Tipps zum Erreichen einer ranghohen Position

BEIM PFERD

- Sie gehen beim Ausmisten nicht um das Pferd herum, sondern das Pferd geht Ihnen aus dem Weg.

- Das Pferd drängelt beim Führen. Machen Sie unmissverständlich klar, dass SIE vorgehen und dass man an Ihnen nicht vorbeikommt.

- Das Pferd schubbert sich an Ihnen. Schubsen Sie es weg, auch wenn's schwer fällt. Aufforderung zum Sozialkontakt geht nur von Ihnen aus!

- Das Pferd frisst gerade Hafer und bedroht Sie mit angelegten Ohren, wenn Sie in die Nähe kommen. Weisen Sie es mit der Stimme zurecht und schicken Sie es von seinem Futter weg (Achtung, nur wenn Sie sich Ihrer Sache sicher sind! Sie könnten den Kürzeren ziehen!)

- Das Pferd scharrt, um von Ihnen Futter zu erbetteln. Ignorieren Sie es und geben Sie ihm die Möhre, wenn es mit dem Scharren aufgehört hat.

BEIM HUND

- Der Hund liegt vor der Tür. Sie steigen nicht umständlich über ihn hinweg, sondern schicken ihn fort.

- Der Hund drängelt vor Ihnen durch die Haustür nach draußen. Lassen Sie ihn »Sitz« machen und warten, bis Sie vorgegangen sind.

- Der Hund fordert Sie nachdrücklich zum Spielen auf. Ignorieren Sie ihn. Zwei Minuten später können SIE mit dem Spiel anfangen.

- Der Hund knurrt Sie an, wenn Sie in die Nähe des Futternapfes kommen. Nehmen Sie ihn weg. Geben Sie ihm in der nächsten Zeit nur noch zu bestimmten Zeiten Futter aus der Hand, nicht mehr aus dem Napf.

- Der Hund bettelt Sie um Futter an. Ignorieren Sie ihn durch Wegdrehen und nicht Beachten.

Auch das Pferd muss im Gelände mitdenken dürfen. Manche Sachen weiß es eh viel besser als wir, z.B., ob der Boden sumpfig wird oder an welcher Stelle man am besten über einen quer liegenden Baumstamm steigt. Überlassen Sie ihm auch diese Verantwortung!

Zum idealen Chef haben Sie sich gemacht, wenn Sie es schaffen, beiden Tieren Ihre Ideen als deren eigene zu verkaufen. Ganz diplomatisch! Dazu müssen Sie nur manchmal ein bisschen schneller sein als die Tiere. Einfaches Beispiel: Nachdem Ihr Hund eine ganze Zeit lang brav bei Fuß neben Ihnen hergelaufen ist, juckt es ihn jetzt allmählich ganz gewaltig, sich auch mal auszutoben. Kommen Sie ihm zuvor und befehlen Sie ihm »Lauf voran!« ehe er selbst auf die Idee kommt, Ungehorsam zu zeigen.

Können Tiere Fremdsprachen lernen?
Kommen wir noch einmal kurz auf die konkreten »Sprachäußerungen« von Hunden und Pferden, die neben der Symbolik »wer geht vor, wer macht was zuerst« natürlich auch aus vielen einzelnen körpersprachlichen Signalen bestehen.

Hier ist für mich immer wieder erstaunlich, zu beobachten, wie gut Tiere tatsächlich die »Fremdsprache« einer anderen Spezies lernen können, im Fachjargon: interspezifisch kommunizieren können.

Zunächst einmal weiß ein Hund mit den angelegten Ohren eines Pferdes nicht viel anzufangen. Nach hündischem Verständnis bedeuten angelegte Ohren »Angst«, aber bestimmt nicht Aggression. Trotzdem lernen Hunde, angelegte Pferdeohren als Drohung zu interpretieren, ohne jemals wirklich gebissen worden zu sein. Umgekehrt lernen auch Pferde, dass schwanzwedelnde Hunde nichts Böses im Sinn haben, obwohl auf »pferdisch« Schlagen mit dem Schweif Widerwillen, Unwohlsein und Irritation signalisiert. Wie kann das sein? Sind die übermittelten »Stimmungen« (Aggression, Freude) stärker als die reinen Körpersignale? Oder lernen die Tiere wirklich eine Fremdsprache? Ich weiß es nicht. Jedenfalls sollte uns zu denken geben, dass der Hund oft weniger Probleme hat, die Körpersprache eines Pferdes richtig zu deuten als die endlosen Wortschwälle, die wir auf ihn einprasseln lassen, in der Hoffnung, er werde dann das Gewünschte tun!

Ordnung im Sprachenwirrwar
Wenn wir mit Hund und Pferd gemeinsam arbeiten, haben wir ein weiteres Problem: Wie halten wir auseinander, wer jeweils gemeint ist, wenn wir einen von beiden ansprechen?

Schließlich möchten Sie nicht, dass

Das große Kauderwelsch

Ihr Pferd, das sich keiner Schuld bewusst ist, einen erschreckten Satz macht, weil Sie Ihrem die Mülltüte am Wegrand untersuchenden Hund ein lautes »Na!« an den Kopf schleudern!

Sprechen Sie deshalb beide Tiere immer vorher mit Ihrem Namen an. Je konsequenter Sie das tun, desto besser funktioniert es! Auch mehrspännige Kutschen werden so dirigiert (Hans Hooo, Liesel voran!) und Schlittenhundegespanne so gelenkt.

Es hilft auch, wenn Sie mit beiden Tieren in leicht unterschiedlicher Tonlage sprechen. Meistens können Sie mit dem Pferd eh leiser sprechen, schließlich sind sie näher dran.

Ihre Stimmkommandos (heute sagt man dazu lieber »Hörzeichen«, weil's freundlicher klingt) sollten natürlich auch für beide Tiere unterschiedlich sein und sich nicht überschneiden. Aber wer sagt schon »Sitz!« zu seinem Pferd?

Falls Sie ein Freund oder eine Freundin der (übrigens ganz hervorragenden) Clicker-Trainingsmethode sind, dann können Sie Ihren Hund natürlich auch vom Pferd aus »clicken«, aber passen Sie auf, dass Ihr Pferd vor dem plötzlichen »Klick« von oben nicht erschrickt! Sie müssen es gewissermaßen vorher gegen das Geräusch »desensibilisieren«, damit es ihm keinerlei Beachtung mehr beimisst. Das geht natürlich nur, wenn

Hier wurde die gemeinsame Sprache offenbar bereits gefunden.

Sie mit dem Pferd nicht auch nach dieser Methode arbeiten. In diesem Fall bleibt Ihnen nur, für beide Tiere einen unterschiedlich klingenden Clicker zu verwenden. Der Unterschied wird durchaus wahrgenommen, falls die geleistete Vorarbeit gestimmt hat. Wenn Sie auf dem Pferd sitzen, ist es aber technisch kaum noch machbar, wenn Sie neben Zügeln und evtl. Hundeleine auch noch zwei Clicker »bedienen« müssen!

Die Grundschule

... noch zu Fuß!
Bevor Sie auch nur daran denken, mit Hund und Pferd gemeinsam zu arbeiten, sollte Ihr Hund die Hunde-Grundschule schon absolviert haben und einige wichtige Lektionen ganz sicher beherrschen.

Die meisten Probleme von Reitbegleithunden liegen genau in dieser mangelnden Vorbereitung! Meistens lässt sich das Problem beheben, wenn man noch einmal vom hohen Ross heruntersteigt und mit dem Hund die Grundlagen zu Fuß wiederholt. Unverzichtbar sind folgende Lektionen:

- SITZ
- SITZ UND BLEIB
- PLATZ
- PLATZ UND BLEIB
- BEI FUSS GEHEN
- OHNE ZIEHEN AN DER LEINE GEHEN
- HERANKOMMEN

All diese Übungen sind nicht reiner Selbstzweck oder unnötiger Drill, sondern stellen, wenn Sie es richtig angefangen haben, den Hund Ihnen gegenüber in die richtige Position, nämlich in die Unterordnung.

Besonders die »Bleib«-Übungen sind von hohem erzieherischen Wert. Überfordern Sie Ihren Hund nicht gleich zu Anfang, indem Sie zuviel von ihm verlangen.

Wenn er zunächst ein paar Sekunden ausharrt, während Sie sich wenige Schritte entfernen (am besten rückwärts, also mit Blickkontakt zum Hund und abwehrend ausgestreckter Hand), ist das für den Anfang völlig genug. Wichtig ist nur, dass der Hund immer erst dann aufsteht, wenn Sie die Übung mit dem entsprechenden Kommando auflösen (zum Beispiel »Hiier!« oder »Lauf!«). Wenn Sie hier inkonsequent sind und ein zu frühes Aufstehen erlauben, lernt der Hund lediglich, dass man Befehle nur so lange befolgen muss, wie es einem genehm ist.

»Bleib« brauchen Sie später auch, wenn Sie beispielsweise vor dem Hund eine schmale Brücke überqueren müssen und möchten, dass er erst hinterherkommt, wenn Sie mit Pferd schon drüben sind.

Zum Einstudieren ist anfangs eine ca. 10 m lange, so genannte Feld- oder Schleppleine nützlich (ein nicht zu schweres Seil, ein Rolladengurt oder eine Pferdelonge tun es auch). Mit ihrer Hilfe können Sie den Hund auch aus etwas Entfernung noch korrigieren, falls er zu früh wieder aufsteht.

Zum Einüben von »Sitz« und »Platz« gibt es verschiedene Techni-

Die Grundschule

Sitz und Bleib!

ken und Methoden. Während man früher den Hund im Allgemeinen dahin schob, zog oder drückte, wohin man ihn haben wollte und das dazugehörige Kommando gab, ist es heute auch weit verbreitet, mit Leckerchen oder Spielzeug als Lockmittel zu arbeiten. Um »Sitz« zu erreichen, kann man dem Hund beispielsweise einen Leckerbissen oder sein Lieblingsspielzeug zeigen und die Hand dann so über seinen Kopf nach hinten führen, dass er sich setzen muss, um der Hand mit seinen Blicken zu folgen. Das Kommando wird in dem Moment gegeben, in dem der Hund sich hinsetzt; die Belohnung folgt auf dem Fuß.

Ähnlich kann man es mit »Platz« machen, indem man das Leckerchen nach vorne-unten zwischen die Vorderbeine dirigiert.

Bei der Clicker-Methode erhält der Hund durch das Geräusch »Klick« die Information, dass er genau in diesem Moment etwas richtig gemacht hat und die Belohnung später erhält. Der Vorteil ist, dass man schneller reagieren kann, weil der Clicker punktgenau einsetzbar ist und der Hund so leichter versteht, für welche Aktion er gerade belohnt wird.

Egal, welche Methode Sie anwenden - das Lernen sollte für den Hund immer eine positive Erfahrung sein und ihm Spaß machen, damit Sie später einen begeisterten freiwilligen Mitarbeiter erhalten und keinen unterdrückten Knecht.

Also seien Sie mit Lob großzügiger als mit Tadel, und fragen Sie sich, wie in der Pferdeausbildung auch: versteht das Tier überhaupt, was ich gerade von ihm will, oder ist es überfordert? Muss ich langsamer machen, vielleicht einen Schritt zurückgehen?

»Platz« sollte übrigens auch aus der Entfernung, möglichst sogar aus der Bewegung heraus klappen - Sie gehen weiter und befehlen Ihrem Hund »Platz«. Später kann es für den Hund vielleicht sogar lebensrettend sein, wenn er diesen vom Pferd herab gegebenen Befehl sofort befolgt!

»Bei Fuß« ist eine ganz wichtige Grundlage. Wir brauchen es später in modifizierter Form und mit anderem

Die Grundschule

Dieser Bouvier wartet geduldig im »Platz«, bis Herrchen wiederkommt.

Namen wieder, um den Hund nah am Pferd laufen zu lassen.

Auch zum Erlernen des »Fuß« (Ihr Hund geht mit der Nase in Höhe Ihres linken Knies eng neben Ihnen her, er »klebt« praktisch an Ihrem Bein) gibt es verschiedene Methoden. All solche, die Stachelhalsbänder, Würgehalsbänder und ständiges Rucken an der Leine verwenden, sind für uns untauglich! Es wurde bereits mehrfach erwähnt: beim Reiten sind Sie ganz besonders auf die freiwillige und freudige Mitarbeit Ihres Hundes angewiesen. Ein Hund, der das Bei-Fuß-gehen nur unter unangenehmem Zwang erlernt hat, wird die erstbeste Gelegenheit zum Ausbüchsen sicher ergreifen, wenn Sie erst hoch oben auf dem Pferd sitzen und nicht mehr unmittelbar auf den Hund einwirken können.

Als tauglicher erweisen sich deshalb alle Methoden, die mit positiver Bestärkung arbeiten, dem Hund also möglichst viele Erfolgserlebnisse verschaffen. So können Sie auch hier wieder mit Leckerbissen oder Spielzeugen arbeiten, die sie beim Gehen vor Ihren Bauch halten und dazu das Kommando »Fuß« geben. Am Anfang sind ganz wenige Schritte genug! Auch mit dem Clicker-Training lassen sich hier schöne Erfolge erzielen. Erst wenn der Hund verlässlich an Ihrer Seite bleibt, gestalten Sie die Übung allmählich schwieriger, indem Sie Wendungen einbauen oder auch mal ein Stück laufen.

Sobald Sie stehen bleiben, soll der Hund sich neben Sie setzen. Wenn Sie zu Beginn immer das Kommando »Sitz« geben, sobald Sie stehen bleiben, wird Ihr Hund sich bald automatisch hinsetzen.

Das Ziehen an der Leine sollte Ihr Hund sich am besten gar nicht erst angewöhnen. Auch hier haben Reiter gegenüber pferdelosen Hundeleuten eigentlich einen großen Vorteil, den sie aber leider nicht immer nutzen. Stellen Sie sich doch einfach mal vor, Ihr Hund wäre ein Pferd! Was machen Sie mit einem Pferd, das am Führstrick zieht? Sicherlich haben Sie gelernt oder selbst erfahren, dass es gar nichts

Die Grundschule

»Bei Fuß«: Mit dem Lieblingsspielzeug lässt es sich problemlos und mit Spaß einstudieren.

bringt, dagegen zu ziehen. Das Pferd ist sowieso stärker, zieht nun gegen den Druck erst recht und Sie hängen am Halfter wie ein Fähnlein im Wind! Natürlich können Sie zu einem scharfen Gebiss Zuflucht nehmen und Ihr Pferd vorübergehend damit »halten«, aber sobald Sie diese Krücke weglassen, macht Ihr Pferd wieder, was es will - und jetzt erst recht! Klüger und effektiver ist es also, auf andere Tricks zurückzugreifen. Beispielsweise, das Pferd sofort in eine enge Wendung zu führen. Es lernt: Wenn ich ziehe, geht es nur im Kreis und nirgends hin. Oder es ein paar Schritte zurücktreten zu lassen, das hat den gleichen Effekt. Sicher geben Sie Ihrem nach vorne drängelnden Pferd auch die Chance, erst einmal auf Ihr leise gezischtes »Sssss« und die erhobene Hand zu reagieren, bevor Sie zu drastischeren Maßnahmen greifen. Machen Sie es doch mit Ihrem Hund einfach genauso! Eigentlich ist es unverständlich, warum so viele Reiter keine Probleme beim Führen Ihres Pferdes haben, der Hund aber munter an der Leine zieht und erst ermahnt wird, wenn das Ziehen gar zu toll und unangenehm wird. Seien Sie hier doch genau so konsequent wie beim Pferd und wehren Sie schon den Anfängen eines leichten Ziehens! Das Stachelhalsband beim Hund wirkt übrigens genauso wenig wie das scharfe Gebiss beim Pferd: beides setzt eine Spirale in Gang, bei der mehr Gewalt vom Menschen früher oder später immer mit mehr Widerstand vom Tier beantwortet wird.

Übrigens sollten Sie, wie beim Pferd auch, ein ruhiges Gehen an der Leine nicht gerade verlangen, wenn der Hund den ganzen Tag noch nicht draußen war und vor Übermut fast zerplatzt. Auch das Pferd darf sich erst

Die Grundschule

So ist »Bei Fuß« besonders schön: Der Hund ist entspannt, aufmerksam und schaut sein Herrchen an. Wenn diese Übung gut gefestigt ist, lässt sie sich später ohne große Probleme auf das Laufen am Pferd übertragen.

Wenn der Hund auch im Laufschritt zuverlässig neben Ihnen bleibt, haben Sie eine wichtige Etappe in der Ausbildung geschafft.

Die Grundschule

einmal austoben und lockern, bevor die eigentliche Arbeit beginnt.

Gebrauchen Sie also Köpfchen statt Kraft!

Das Herankommen auf »Hier« an sich einzuüben, stellt keine besondere Schwierigkeit dar, denn eigentlich kommen alle Hunde gerne zu ihrem Herrchen oder Frauchen. Wichtig ist nur, dass das Herkommen für den Hund auch immer positiv bleibt. Also nie schimpfen, wenn der Hund nach einiger Verzögerung erst kommt! Er verknüpft Ihre Schelte sonst nur damit, dass er zu Ihnen gekommen ist, nicht damit, dass es zu lange gedauert hat, und folgert: Kommen ist unangenehm, da gibt es Schimpfe!

Steigern Sie auch hier die Anforderungen an Ihren Hund ganz langsam. Rufen Sie ihn zu Beginn, wenn er sowieso gerade zu Ihnen kommen wollte, erst später, wenn er gerade woanders hinguckt und noch später, wenn er gerade mit etwas sehr Interessantem beschäftigt ist. Wenn es irgend geht, rufen Sie ihn nicht, wenn Sie ziemlich sicher sind, dass er eh nicht kommt: er lernt ansonsten lediglich, Sie zu ignorieren!

Grundregel: Solange, bis die Übung sicher sitzt, muss sich das Kommen für den Hund jedes Mal lohnen! Das heißt, es gibt ein Leckerchen, ein gemeinsames Spiel oder sonst etwas Interessantes. Diese »Hilfen« bauen Sie dann später allmählich wieder ab, indem Sie den Hund nur noch bei jedem zweiten oder dritten Kommen belohnen, schließlich nur noch ganz selten. Das hat lernpsychologisch gute Gründe und steigert die Motivation!

Auf das Herankommen sollten Sie in der Grundschule zu Fuß ruhig etwas mehr Zeit verwenden als auf die anderen Übungen. Es wird nämlich später beim Reiten für Sie besonders wichtig, und besonders ärgerlich, wenn der Hund nicht kommt!

Die Belohnungs-Methode alleine legt zwar einen guten Grundstein, reicht in der Regel aber nicht aus, um das Kommen auf »Hier« wirklich sicher im Hundehirn zu verankern.

Greifen Sie deshalb zusätzlich auf die alte Jäger-Methode zurück, auf die Feld- oder Schleppleine. Das ist eine leichte, ca. 8 - 10 Meter lange Leine, die der Hund leicht über den Boden hinter sich her ziehen kann. Mit ihrer Hilfe können Sie den Hund nachhaltig davon überzeugen, dass es sich nicht lohnt, Ihre Kommandos zu überhören. Sehr wirksam ist zum Beispiel, kräftig mit dem Fuß auf diese Leine zu treten, falls der Hund Ihr »Hier« überhört hat.

Gehen Sie ruhig einige Tage oder Wochen lang mit Ihrem Hund an dieser Schleppleine spazieren und üben Sie dabei das Herankommen immer wieder, ohne es Ihrem Hund zu vermiesen.

Die Grundschule

Gewöhnen Sie Ihren Hund frühzeitig daran, immer auf dem Weg zu bleiben.

Bei dieser Gelegenheit können Sie Ihrem Hund auch gleich noch eine andere sehr nützliche Sache beibringen, nämlich die, immer auf dem Weg zu bleiben und nicht rechts und links in Gräben und Gebüsch zu schnüffeln. Das senkt auch die Wahrscheinlichkeit des Wilderns ganz drastisch! Holen Sie also Ihren Hund stets mit langer Schleppleine und Kommando »Raus da« auf den Weg zurück, sobald er ihn verlässt. Die Mühe, die sie in diese Ausbildung investieren, zahlt sich später ganz bestimmt aus!

Stellen Sie sicher, dass all diese Übungen wirklich einwandfrei sitzen, bevor Sie mit der Arbeit am Pferd beginnen. Nehmen Sie die Hilfe einer guten Hundeschule in Anspruch, wenn Sie sich nicht sicher sind oder Probleme haben.

Nicht unbedingt notwendig, aber später nützlich ist das Kommando »Lauf voran«, um den Hund vorzuschicken. Wenn Sie dazu noch aufmunternd mit ausgestrecktem Arm nach vorne zeigen, wird jeder Hund diesem Befehl nur zu gerne nachkommen und sehr schnell wissen, was gemeint ist.

»Warte« oder »Steh« ist praktisch, wenn Sie beispielsweise Ihren Hund vom Pferd aus anleinen wollen, aber nicht möchten, dass er sich setzt oder legt. »Steh« finde ich als Kommando nicht so glücklich, weil es oft auch fürs Pferd verwendet wird. Bedeuten Sie Ihrem Hund mit Ihrer gesamten Körperhaltung, mit Stimme und ihm zugedrehter Handfläche, dass er da bleiben soll, wo er gerade ist. »Warte« kann man auch gut üben, bevor man mit Hund durch eine Tür geht (Sie erinnern sich: Sie gehen zuerst) oder wenn der Hund ins Auto springen soll. Lassen Sie ihn nicht unaufgefordert hineinhüpfen, sobald die Türe offen ist, sondern bei geöffneter Türe warten und erst auf Ihr »Hopp« hineinspringen. Auch dieses kleine Detail macht ihm einmal mehr klar: Sie sind der Boss!

Feind Nr. 1: Der Jagdtrieb
Denken Sie nicht erst an die Bekämpfung des Jagdtriebes, wenn Sie schon auf dem Pferd sitzen und Ihr Hund, der so was vorher noch nie gemacht hat, plötzlich knackend im Gehölz verschwindet!

Diesem neuralgischen Punkt sollten Sie sich schon jetzt mit aller Sorgfalt widmen, denn er könnte Ihnen nicht nur Ärger einbringen, sondern Ihren Hund unter Umständen auch das Leben kosten: Jäger dürfen wildernde Hunde ohne weitere Vorwarnung erschießen!

Bedenken Sie immer, wenn die Rede vom Jagdtrieb ist: Jeder Hund hat ihn. Er wäre sonst kein Hund! Nur äußert er sich nicht bei jedem Hund gleich stark und nicht auf die gleiche Art und Weise. Bei vielen Rassen ist das ursprüngliche Jagdverhalten nur nach den Bedürfnissen des Menschen verändert, so zum Beispiel bei den Hütehunden: Das Anstarren der Beute, das geduckte Anschleichen und schließlich das Treiben des Tieres sind alles Elemente, die aus dem Jagdverhalten stammen! Sie führen nur woanders hin.

Das Jagdverhalten der Hunde ist sehr komplex und lässt sich in viele Einzelteile aufgliedern. Je mehr dieser Einzelteile Sie kennen, desto leichter wird es Ihnen fallen, am entscheidenden Punkt einzugreifen - und das ist nicht erst dann, wenn der Hund bereits Schmitz Katze hinterher setzt!

Elemente des Jagdverhaltens bei Hunden

- Entdecken einer »Beute«, aufmerksam werden
- Fixieren der »Beute« mit dem Blick, Anspannen der Muskeln
- Anschleichen
- Losspringen und Hetzen der Beute
- Packen der Beute
- Töten der Beute durch Beißen und Schütteln
- Fressen

Die Grundschule

Jagdverhalten Alarmstufe eins: Der Hund hat etwas Spannendes entdeckt.

Es liegt nun an Ihnen, ob Sie Punkt eins oder zwei, allerspätestens aber Punkt drei erkennen oder nicht. Bei Punkt vier kommt jedes Zurückrufen meistens schon zu spät!

Alles, was Sie tun müssen, ist, Ihren Hund nur sehr genau zu beobachten: Hat er etwas scheinbar Spannendes entdeckt? Vielleicht nur ein Stück Papier, das im Wind übers Feld flattert, aber das kommt uns zu Übungszwecken gerade recht! Ist er unvermittelt stehen geblieben, die Nase witternd im Wind, den Kopf hoch erhoben, den Blick in die Ferne, vielleicht noch eine Vorderpfote angewinkelt? Alarmstufe eins!

Rufen Sie Ihren Hund sofort zu sich, lenken Sie ihn ab und belohnen Sie ihn mit einer spannenden Ersatzhandlung. In diesem Stadium haben Sie meistens noch mit der »positiven« Methode Erfolg, d.h. Zeigen von Futter, Werfen von Spielzeug, Quietschen mit Quietschtier, schnelles Weglaufen und »Komm mit!« in die andere Richtung oder ähnliches. Ihr Hund lernt: »Jagen« mit Herrchen oder Frauchen zusammen ist eh viel spannender.

Hat Ihr Ablenkungsmanöver nichts genutzt und Ihr Hund starrt seine »Beute« (was immer es auch ist) unvermittelt an, ganz in sich versunken, bereit zum Sprung? Alarmstufe zwei!

Jetzt müssen Sie zu härteren Geschützen greifen. Gut eignen sich so genannte »anonyme Bestrafungen«, die den Hund wie aus heiterem Himmel treffen, ihn erst einmal erschrecken und sein Verhalten abbrechen. Das kann eine klappernde Blechdose sein, die Sie mit Schwung so werfen, dass sie hinter dem Hund auf dem

Alarmstufe zwei: Die Beute ist schon fest im Blick - gleich gehts los!

Die Grundschule

Boden landet, ein Strahl aus der Wasserpistole oder sonst etwas, das Krach macht beziehungsweise den Hund erschreckt, ohne ihn zu verletzen. Hundeausbilder arbeiten oft mit speziellen Wurfketten oder »Discs«, klappernden Metallscheiben. Wichtig dabei ist, dass der Hund diese »Bestrafung« nicht unmittelbar mit Ihnen in Verbindung bringt, sondern sie als »höhere Gewalt« empfindet. Sobald er sich erschreckt umdreht, müssen Sie ihn zu sich rufen, kräftig fürs Kommen belohnen und eine Ersatzhandlung (z.B. Spielen) anbieten. Ihr Hund lernt: Wenn ich auf die Warnung von meinem Menschen nicht rechtzeitig höre, geschehen ganz unheimliche Dinge. Bei ihm bin ich aber sicher! Beim nächsten Mal gehe ich lieber gleich zu ihm hin.

Wenn Sie solche Übungen schon mit dem Junghund zu Fuß machen, haben Sie gute Chancen, den Jagdtrieb von Anfang an beeinflussen zu können, das heißt abzubrechen und in andere Bahnen zu lenken. Das ist der Idealfall, der allerdings bei Rassen mit ausgesprochen starkem Jagdtrieb und bei schon erwachsenen Hunden nur sehr bedingt funktioniert. Bei ihnen schafft nur eine sehr, sehr gründliche und gewissenhafte Vorarbeit auf dem Gebiet »Unterordnung« (also beispielsweise Ablegen auf Befehl) Abhilfe. Das muss so oft und gut geübt werden, dass der Hund ohne jede Diskussion reflexartig und zur Not aus vollem Lauf zusammenklappt, wenn Sie es ihm befehlen. Jäger benutzen dazu häufig eine Trillerpfeife, weil die auf Entfernung noch gut zu hören ist. Ich gehe einmal nicht davon aus, dass Sie einen Hund mit so starker Jagdveranlagung besitzen und ihn zum Reiten mitnehmen wollen. Wenn doch, dann wäre Ihnen am meisten gedient, wenn Sie sich in die professionelle Obhut eines Hundeausbilders begeben, der sich mit Jagdhunden auskennt.

Für jeden Hund sehr hilfreich ist es, wenn er die »Beute« Wild schon früh, am besten noch in der Sozialisationsphase, unter Kontrolle kennen lernt. Machen Sie doch mal einen Besuch im Wildpark oder Nachbars Kaninchenstall (natürlich nur mit angeleintem Hund) und benehmen Sie sich dort so, wie schon im Abschnitt über das erste Kennenlernen mit dem Pferd beschrieben, also möglichst neutral. Englische Jagdhundeausbilder schicken ihre Pointer und Setter schon seit jeher in den »Hasengarten«, um an vor der Nase vorbei hoppelnden Kaninchen Gehorsam zu üben. Wenn man es richtig anfängt, eine wirkungsvolle Methode!

Der grundsätzliche Schlüssel zur Problemlösung ist aber auch hier das Maß an Respekt, das der Hund vor Ihnen hat. Sie müssen ihm wichtiger

Die Grundschule

sein als alles andere auf der Welt!

Das erreichen Sie unter anderem auch dadurch, dass Sie ihm nie etwas verbieten, ohne eine (sogar noch bessere) Alternative zu schaffen. Spielen Sie also mit Ihrem Hund Ersatz-Jagd, indem Sie Apportierspiele machen, gemeinsam im Gras versteckte Futterbrocken suchen oder sonst etwas Spannendes unternehmen. Auch ein Ausritt bedeutet für den Hund später einen Ersatz-Jagdausflug!

Wenn Sie sich nicht ganz sicher sind, dass Ihr Hund nicht wildert und der Ritt später in den Wald oder in wildreiche Gebiete führen soll, dann bleibt Ihnen leider nichts anderes übrig, als den Hund permanent an der Leine zu führen.

Hat er gar erst einmal Beutebestätigung erfahren, also ein Tier erlegt, ist eine Korrektur nur noch sehr schwer oder gar nicht mehr möglich. Dies ist einer der seltenen Fälle, der den Einsatz von Elektroschock-Halsbändern (Teletakt) rechtfertigt, aber bitte nur in der Hand von Profis und nur als kurzfristige Korrekturmaßnahme! Ein solcher Hund ist in der Regel als Reitbegleithund nicht mehr brauchbar und sollte im Wald nicht mehr von der Leine gelassen werden.

Der Drahtesel als Ersatzpferd
Eine praxisnahe Vorübung zum Reiten ist das Mitnehmen des Hundes am Fahrrad. Sie können aber erst damit beginnen, wenn Ihr Hund schon ausgewachsen ist, das heißt je nach Rasse 9 - 16 Monate alt. Besonders die großen, schwereren Hunderassen zählen zu den Spätentwicklern. Gelenke und Bänder könnten sonst Schaden nehmen!

Das Fahrrad-Training bietet Ihnen eine prima Gelegenheit, viele Situationen, in die der Hund später mit Pferd kommen wird, schon einmal gefahrlos zu proben, weil Sie nicht auch noch auf das Pferd achten müssen. So können Sie das Anhalten (Hund setzt sich hin) vor Straßenkreuzungen üben, das Nebenherlaufen an lockerer Leine und auf ruhigen Feldwegen ohne Verkehr auch das Vorausschicken, Wiederkommen, »Bleib« oder »Platz« auf Entfernung. Auch Begegnungen mit Spaziergängern, anderen Hunden und Weidetieren können ohne Aufregung geprobt werden.

Laut Straßenverkehrsordung § 28, ist das Führen eines Hundes vom Fahrrad aus auch erlaubt. Über die Seite, auf welcher der Hund geführt werden muss, sagt der Gesetzestext nichts aus, nach allgemeiner Konvention führt man den Hund aber rechts vom Rad, damit er vom Verkehr abgeschirmt ist.

Die spätere Situation des Aufsitzens aufs Pferd mit angeleintem Hund können Sie jetzt schon prima simulieren. Der Hund muss sich angeleint rechts vom Fahrrad hinsetzen und ruhig warten, während Sie von links auf das Fahrrad steigen. Erst auf Ihr Kommando hin geht es los, nicht schon vorher!

Achtung: Verwirren Sie Ihren Hund jetzt nicht mit dem Kommando »Fuß«, wenn Sie möchten, dass er jetzt ruhig neben dem Fahrrad herläuft. Zwar schaffen manche Hunde diesen Gedankensprung, für die allermeisten bedeutet »Fuß« zunächst einmal nur, dicht neben Ihrem linken Bein zu gehen. Wenn er jetzt plötzlich rechts neben dem Rad laufen soll, ist das für ihn nicht mehr »Fuß«. Führen Sie deshalb ein eigenes, neues Kommando ein, das Sie später auch vom Pferd aus für den gleichen Zweck verwenden, zum Beispiel »Am Pferd«, »Ran«, »Hand« oder sonst etwas. Es ist völlig egal, welches Kommando Sie verwenden, solange es nur immer das selbe, relativ kurz und prägnant ist und vom Klang her nicht mit anderen Kommandos verwechselt werden kann. Sie können auch mit Ihrem Pferd spanisch und mit dem Hund kisuaheli reden, das ist völlig wurscht!

Wickeln Sie sich beim Führen vom Fahrrad aus nie die Leine ums Handgelenk oder um den Fahrradlenker. Das kann zu bösen Stürzen führen! Halten Sie die Leine immer so, dass Sie sie im Zweifelsfall sofort loslassen können.

Wenn Ihr Hund jetzt an der Leine ziehen sollte, gehen Sie einen Schritt in der Ausbildung zurück und üben die Leinenführigkeit noch mal zu Fuß, anschließend neben dem geschobenen Fahrrad. Erst wenn das klappt, schwingen Sie sich wieder auf das Behelfspferd. Allen Hunden macht es großen Spaß, neben dem Fahrrad zu laufen, weil dieses flottere Tempo ihnen viel angenehmer ist als der langsame Schritt des Menschen. Das ideale Tempo ist das, in dem der Hund bequem im Trab neben dem Rad herlaufen kann.

Der Hund hat dann schnell heraus, dass es nur eine Unterbrechung des fröhlichen Vorankommens bedeutet, wenn er doch einmal an der Leine zieht. Sie halten dann nämlich sofort an und verderben den ganzen Spaß!

Zu Beginn könnte es sein, dass Ihr Hund versucht, quer vor das Fahrrad zu laufen oder in das Vorderrad zu schnappen. Noch ist gute Gelegenheit, ihm solche Ideen, die er dann später am Pferd auch haben könnte, gleich wieder aus dem Kopf zu schlagen. Wenn Sie zu Beginn langsam fahren, gelingt es noch gut, den Hund mit Hilfe des rechten Armes und der Stimme in die gewünschte Position neben dem Rad zu lotsen.

Passen Sie Geschwindigkeit und Dauer des Fahrradtrainings der Kondition des Hundes an. Bedenken Sie, dass viele Hunde dazu neigen, sich selbst körperlich zu überfordern, weil das Rennen am Rad so viel Spaß macht! Vor allem bei heißem Wetter dürfen Sie es nicht übertreiben und müssen auf rechtzeitige Pausen achten.

Das Pferd kommt ins Spiel - aber immer noch zu Fuß
Bis hierher haben Sie in der Erziehung Ihres Hundes schon viel geleistet und es wird Zeit, dem Kern der Sache näher zu kommen.

Ans Pferd also! Leider müssen Sie immer noch ein bisschen weiter zu Fuß gehen. Da Ihr Hund Pferde nun ja schon aus sicherer Entfernung kennt, sollten Sie nun näher heranrücken und Pferd und Hund gleichzeitig führen.

Dazu nehmen Sie das Pferd am besten rechts von sich und den Hund links. Der Hund soll sitzen und das Pferd ruhig warten, bis Sie losgehen.

Und nun marschieren Sie los! Wenn Sie auf dem Reitplatz oder auf der Wiese üben, gehen Sie auf die rechte Hand, damit der Hund innen läuft und nicht zwischen Zaun und Pferd geraten kann.

Falls der Hund sich jetzt allzu ängstlich zeigen sollte, müssen Sie noch mal einen kleinen Schritt zurück machen und eine Hilfsperson bitten, das Pferd zu führen, damit Sie mit dem Hund noch ein bisschen auf Abstand bleiben und sich langsam annähern können, bis er seine Scheu verloren hat.

Wenn das Geradeausgehen gut klappt, gestalten Sie die Aufgabe etwas anspruchsvoller, indem Sie Wendungen laufen - und zwar zuerst rechts herum, damit der Hund den weiteren Bogen »um das Pferd« herum läuft. Bei der Linkswendung befindet er sich plötzlich »innen« und viel näher am Pferd, als ihm zu Beginn vielleicht lieb ist. Machen Sie die

Gleichzeitiges Führen von Hund und Pferd ist eine wichtige Vorübung.

ersten Bögen groß und weit und erst allmählich enger. Später können Sie auch kleine Volten laufen, bei denen mal das Pferd und mal der Hund innen geht.

Üben Sie wieder das korrekte Anhalten, bei dem der Hund sich hinsetzt und das Pferd ruhig stehen bleibt. Geben Sie Acht, dass Sie Ihre Kommandos und Einwirkungen für beide Tiere klar auseinanderhalten. Das ist oft gar nicht so einfach! Viele rupfen zu Beginn unwillkürlich auch mit der linken Hand an der Hundeleine, wenn Sie mit der Rechten das Pferd korrigieren. Machen Sie also alle Bewegungen ganz bewusst und koordiniert!

Wenn das gemeinsame Führen gut klappt, machen Sie mit dem Hund die schon bekannten »Sitz und Bleib«- oder »Platz und Bleib«-Übungen, während Sie sich mit dem Pferd von ihm entfernen und ihn später wieder abholen.

Als Nächstes gehen Sie mal ein bisschen mit Pferd und Hund spazieren. Beim ersten Mal würde es nicht schaden, wenn Sie noch eine Begleitperson zum Mitkommen überreden könnten, die Ihnen notfalls den Hund abnehmen kann, wenn etwas nicht klappt.

Auf freiem Feld angekommen, können Sie den Hund nun auch einmal laufen und toben lassen. Das Unterwegssein mit Ihnen und dem Pferd soll schließlich auch Spaß machen und nicht Dauer-Zwang sein! Natürlich muss der Hund jederzeit auf erste Anforderung von Ihnen wieder herankommen. Falls nicht, üben Sie das Herankommen nochmals gründlich ohne Pferd.

Sollte der Unruhefaktor nicht der Hund, sondern das Pferd sein, weil es an seinen Stallgenossen klebt und nun wiehernd und tänzelnd den Kopf nach hinten dreht, dann brechen Sie die Übung ab und üben erst einmal nur mit dem Pferd allein. Der Hund würde ansonsten nichts oder nur Negatives lernen - alle sind gestresst und unruhig, der Mensch schimpft rum, das Pferd zappelt, so macht das keinen Spaß! Außerdem achtet so ein aufgeregtes Pferd auch nicht mehr auf den Hund und kann ihn leicht aus Versehen mit den Hufen erwischen.

Kurze Spaziergänge dieser Art (ca. 10 - 15 Minuten) können Sie schon mit dem Junghund unternehmen, längere aber erst dann, wenn er körperlich voll ausgewachsen ist.

Vom Begleithund zum Reitbegleithund

So, jetzt sind wir aber genug Fahrrad gefahren und gelaufen. Nun wollen wir endlich reiten!

Welche Ausrüstung für das Führen am Pferd?
Diese Frage ist recht schnell beantwortet, denn es gilt ganz klar: weniger ist mehr!

Für den Hund reicht ein ganz einfaches, flaches Halsband aus Leder oder Nylon aus. Würge- oder gar Stachelhalsbänder haben am Reitbegleithund nichts zu suchen! Ihr Hund soll schließlich entspannt an lockerer Leine laufen können. Stärkere Leinenkorrekturen sind vom Pferd aus nicht nur schlecht machbar, sondern auch gefährlich, weil sie zum einen das Pferd irritieren und Sie zum anderen von Ihrem erhöhten Sitzpunkt aus auch mit einer ganz anderen Kraft auf den Hund einwirken. Sie ziehen nun den Hund regelrecht nach oben - sicher nicht schön mit einem Würger um den Hals! Außerdem kann es immer wieder vorkommen, dass Ihr Pferd plötzlich einen erschreckten Seitensprung im Gelände macht (das kann bei den ruhigsten Vertretern passieren) und Sie dem Hund unbeabsichtigt einen kräftigen Leinenruck zufügen, weil Sie die Leine gar nicht so schnell loslassen können, wie Sie wollen. Schlimm genug mit einem flachen Halsband, aber um wie viel schlimmer mit einem Würge- oder Stachelhalsband!

Es versteht sich von selbst, dass das Halsband eine vernünftige Stabilität besitzen und passen soll. Der Hund darf es nicht abstreifen können, aber es darf auch nicht die Atmung behindern. Etwas strenger als ein breites Lederhalsband wirkt ein Kettenhalsband, dessen »Würgefunktion« man außer Kraft setzt, indem man den Karabinerhaken der Leine in zwei gegenüberliegende Kettenglieder einhakt. Eine solche Kette ist natürlich auch pflegeleichter als ein Lederhalsband und hält jeder Belastung stand.

Führgeschirre sind erfahrungsgemäß zum Führen vom Pferd aus nicht so gut geeignet, da sie keine genaue Einwirkung auf den Hund ermöglichen. Das von der Leine kommende Signal verteilt sich einfach über Brust, Bauch und Rücken auf eine zu große Fläche! Viele Hunde lassen sich von so einem bequemen Geschirr auch zum Ziehen an der Leine verleiten.

Alle »Sonderkonstruktionen« und

Ungeeignet für das Führen am Pferd: Würgehalsband und Flexi-Leine.

Besser: flaches Halsband und lange, verstellbare Leine.

Erziehungshilfen, wie zum Beispiel das dem Pferdehalfter nachempfundene »Halti« für Hunde oder Führgeschirre, die sich bei Zug zwischen den Vorderläufen hindurch um die Unterbrust zusammenschnüren, sind nur für den kurzfristigen Korrektureinsatz zu Fuß gedacht und nicht für den Dauergebrauch. Genau wie Hilfszügel beim Pferd auch! Sollten Sie der Meinung sein, Sie könnten Ihr Pferd im Gelände nicht ohne Schlaufzügel und Ihren Hund nicht ohne Stachelwürger halten, dann ist grundlegend etwas schief gelaufen und Sie sollten, so hart es auch klingen mag, noch einmal ganz zu den Anfängen der Ausbildung zurückkehren, am besten unter fachlicher Anleitung.

Ein kleines, aber praktisches Detail ist ein Glöckchen, das man am Halsband des Hundes befestigt. Nach kurzer Gewöhnungszeit an das neue Geräusch wissen so das Pferd und Sie immer, wo der Hund sich gerade befindet, wenn er außerhalb Ihres Blickfeldes hinter dem Pferd läuft oder beim Freilauf mal einen kurzen (genehmigten) Ausflug ins Gebüsch am Wegrand unternimmt. Auch wenn das Pferd den Hund schon gut und lange kennt und keine Angst vor ihm hat, kann es sonst trotzdem passieren, dass sein Fluchttier-Instinkt in ihm durchbricht, wenn der Hund plötzlich und im ersten Moment unerkannt in gestrecktem Galopp von seitlich-hinten naht.

Wie lang die Leine sein muss, ist natürlich vom Größenverhältnis von Hund zu Pferd abhängig. Grundsätzlich so lang, dass der Hund noch bequem in einer Entfernung von ca. 2 Metern vom Pferd entfernt laufen kann, aber auch nicht so lang, dass Sie ein zu großes, störendes Stück Leinenende in Ihren Händen unterbringen müssen. Ich finde lange Lederleinen mit einem Karabiner an jedem Ende und vielen eingenähten Ringen praktisch, da man sie gut in der Länge verstellen kann. Außerdem kann man sie bequem in Schlaufen gelegt am Sattel festhaken, wenn sie nicht gebraucht wird. Den Hund haken Sie natürlich nie am Sattel fest! Übrigens kommt man gerade bei Westernsätteln gerne in Versuchung, die Handschlaufe der Leine mal eben kurz über das Horn zu legen. Bitte widerstehen Sie dieser Versuchung konsequent, denn diese Nachlässigkeit könnte für Ihren Hund tödlich enden! Sie müssen die Leine immer sofort loslassen können, deshalb bitte auch nichts ums Handgelenk wickeln!

Natürlich können Sie auch ein einfaches Seil als Hundeleine nehmen, besonders gut eignen sich runde, mittelstarke Perlonseile, die man in fast allen Baumärkten als Meterware kaufen kann. An das Ende sollte ein drehbarer Karabinerhaken eingespleißt werden, damit sich das Seil immer von selbst ausdrehen kann. Probieren Sie aus, ob es Ihnen gut und bequem in der Hand liegt.

Vielleicht finden sich in Ihrem Sattelschrank ja auch noch eine abgerissene Longe, ein langer Führstrick oder ein verwaister einzelner offener Westernzügel, den Sie gut als Leine zweckentfremden können.

Ausziehbare Flexi-Leinen sind für den Gebrauch am Pferd nicht geeignet, da sie keine schnelle und präzise Einwirkung ermöglichen, wenn es darauf ankommt. Davon abgesehen sind sie auch gefährlich, denn wenn Sie Pech haben, kann Ihr Hund damit Sie und Ihr Pferd einwickeln wie die Komantschen ein Bleichgesicht am Marterpfahl!

Speziell für Reiter erdacht und konstruiert ist die merothische Hundeleine (benannt nach Ihrem Erfinder) - ein pfiffiges Patent, das dem Reiter das An- und Ableinen vom Pferd aus sehr erleichtert! Hier bestehen Halsband und Leine sozusagen aus einem Stück. Die Halsschlaufe lässt sich bis zur vorher eingestellten Halsweite des Hundes von oben einfach auf- und zuziehen. Man übt ihren korrekten Gebrauch am besten zuerst einmal ohne Pferd, denn der Hund muss schon stillhalten, wenn sich die Schlin-

Speziell für Reiter erdacht:

Vom Begleithund zum Reitbegleithund

So funktioniert die merothische Hundeleine.

Mit ihrer Hilfe kann man den Hund auch vom Pferd aus gut an- und ableinen.

ge wie ein Lasso von oben über seinen Kopf senkt. Man selbst muss auch ein wenig üben, wie man die Leine am besten mit nur einer Hand bedient, denn schließlich muss man ja auch noch die Zügel halten.

Das obere Ende der Leine besteht wie bei einer Jagdleine aus einer großen Schlaufe, die man sich quer über die Schulter legen kann. Praktisch zum Transport der Leine, aber lassen Sie sich dadurch nicht in Versuchung bringen, den Hund auch so vom Pferd aus zu führen und an sich zu fesseln!

Für unsere ersten Führversuche vom Pferd aus benötigen wir außerdem noch die schon bekannte, etwa 10 m lange Schleppleine (Seil, Longe, oder Rolladengurt), die von einem Helfer bedient wird.

Der erste gemeinsame Ritt

Bei dieser Premiere sollte am besten eine Hilfsperson anwesend sein, die Sie tatkräftig unterstützen kann.

Außerdem sollten sowohl Hund als auch Pferd vorher schon etwas Bewegung gehabt und sich ausgetobt haben, damit die Konzentration auf die Arbeit leichter fällt und nicht alle nur »endlich geht's los!« im Kopf haben. Der Ort für das erste Üben muss nicht unbedingt ein Reitplatz sein, aber es sollte dort ruhig und möglichst ohne viele Ablenkungen sein. Gut ist, wenn Sie dort auch schon vorher mit dem

Hund zu Fuß gearbeitet haben und der diese Stelle mit Arbeit verknüpft. Also suchen Sie vielleicht nicht gerade das erste Wegstück in Richtung der Spielwiese aus!

Beginnen Sie die erste Lektion nicht gleich mit dem Anleinen und Aufsitzen, während der Hund neben dem Pferd sitzt - dieser Teil fällt dem Hund nämlich am schwersten, weil er ruhig und relativ nahe neben dem Pferd sitzen muss, das ihm vielleicht immer noch ein bisschen unheimlich ist und auf dessen Rücken Sie nun auch noch verschwinden.

Besser ist folgende Konstellation: Befestigen Sie zwei Leinen am Halsband des Hundes, Ihre normale »Reitleine« und eine lange Schleppleine. Eine dem Hund vertraute Hilfsperson übernimmt zunächst beide Leinen und wartet ruhig einen Meter entfernt rechts vom Pferd, während Sie aufsitzen. Der Helfer übergibt Ihnen nun Ihren Teil der Leine und Sie alle vier gehen ruhigen Schrittes los, der Hund an der rechten Pferdeseite. Sprechen Sie mit Ihrem Hund und ermuntern Sie ihn mit einem freundlichen »Komm«, das aber nicht so enthusiastisch klingen sollte, dass der Hund freudig nach vorne wegspringt.

Der Helfer mit der Schleppleine verhält sich relativ passiv und neutral, schließlich soll der Hund sich in erster Linie auf Sie konzentrieren. Er geht deshalb auch in 2 - 3 Metern Abstand hinter dem Hund und lässt die Schleppleine ganz locker durchhängen. Sie dagegen geben Ihrem Hund das »Am Pferd«-Kommando, das Sie schon vom Fahrrad aus geübt haben.

Der Helfer ist praktisch nur für den Notfall da. Falls Sie die Leine plötzlich loslassen müssen, ist der Hund immer noch nicht frei.

Achten Sie jetzt darauf, dass auch Ihre Leine ganz locker durchhängt. Im Idealfall geht der Hund etwa in Höhe Ihres Steigbügels neben dem Pferd. Die ihm angenehmste Position sucht er sich erfahrungsgemäß später von alleine, korrigieren Sie ihn jetzt deshalb nicht, wenn er wenige Zentimeter weiter vorn oder hinten läuft.

Erstes Führen vom Pferd mit Helfer

Vom Begleithund zum Reitbegleithund

Sollte er sich gegen das Vorwärtslaufen sträuben, versuchen Sie nicht, ihn an der Leine mitzuziehen, sondern parieren Sie ihr Pferd möglichst durch, bevor sich die Leine ganz strafft und fordern Sie Ihren Hund wieder freundlich mit der Stimme zum Mitkommen auf. Gut ist es, wenn der Hund Sie anschaut. Sollte der Hund dagegen nach vorne stürmen, tritt der Helfer mit der Schleppleine in Aktion und stoppt ihn im Idealfall mit vorher durchhängender Leine nun ruckartig mitten in der Vorwärtsbewegung. Vermutlich ist der Hund nun völlig perplex, weil er den unauffällig hinter ihm gehenden Helfer vor lauter Konzentration auf das Pferd und Sie schon vergessen hatte und empfindet das plötzliche Stoppen wie die Einwirkung einer unsichtbaren Hand aus dem Nichts. Göttliche Gewalt! Sie, die Hauptperson im Leben des Hundes, bekommen in seinen Augen nicht den kleinsten Kratzer im Lack, denn es waren ja nicht Sie, der »strafend« zugeschlagen hat. Im Gegenteil, hätte er bloß auf Ihr vorher gegebenes Stimmkommando »Am Pferd« gehört, dann hätte die unsichtbare Macht ihm nichts anhaben können! Neben Ihnen ist man schließlich sicher.

Wenn das Mitlaufen am Fahrrad gut geklappt hat, sollte es aber auch jetzt keine größeren Probleme geben. Zwingen Sie Ihren Hund anfangs nicht

Der Helfer mit langen Feldleine tritt nur im Bedarfsfall in Aktion.

Vom Begleithund zum Reitbegleithund

Auf diesem Bild erkennt man gut, was passiert, wenn der Hund an der Leine zieht: Die Reiterin sitzt durch das Gegenhalten schief, zieht das linke Bein hoch und stört das Pferd.

zu nah ans Pferd, der Abstand darf ruhig noch etwas größer sein. Auch finde ich den Ratschlag mancher Ausbilder, den Hund zu Beginn zwischen Pferd und Reitplatzumzäunung laufen zu lassen, damit er so automatisch mehr »Führung« bekomme, nicht unbedingt nachvollziehbar. Den meisten Hunden ist es zwischen Pferd und Zaun zu Beginn viel zu unheimlich und eng, zumal die allermeisten Pferde noch dazu tendieren, nach außen auf den Hufschlag zu drängeln! Das Resultat: Der Hund versucht möglicherweise, unter dem Zaun hindurch vor dem Pferd »zu fliehen«, wickelt sich mit der Leine um die Umzäunung, und schon haben Sie Stress und Aufregung bei allen Beteiligten - kein guter Anfang!

Sollte Ihr Hund ständig an der Leine ziehen und zerren, ist es noch zu früh für ein Führen am Pferd und Sie sind in der Grundausbildung zu Fuß vermutlich zu schnell vorgegangen oder waren nicht gründlich genug. Werden Sie in diesem Fall nochmals vorübergehend zum Fußgänger und üben mit Ihrem Hund alleine. Möglicherweise fühlt sich der Hund aber auch zu dicht ans Pferd gedrängt, hat Platzangst und möchte weiter weg;

Vom Begleithund zum Reitbegleithund

So soll es sein: Die Leine hängt locker durch. Der Hund könnte hier etwas weiter vorn am Pferd laufen.

versuchen Sie es in diesem Fall einfach mit mehr Abstand und längerer Leine, bis das Vertrauen da ist.

Wenn das Führen vom Pferd aus mit Helfer gut klappt, versuchen Sie es alleine. Ein spannender Moment! Beim ersten Mal reichen wenige Minuten ruhigen Geradeausgehens im Schritt. Anschließend werden sowohl Hund als auch Pferd gebührend gelobt!

Langsam wird's schwerer
Wiederholen Sie nun reitend die gleichen Übungen, die Sie schon mit Pferd und Hund zu Fuß gemacht haben: Wendungen nach beiden Seiten, zuerst linksherum und großzügig, dann auch rechts und allmählich enger werdend.

Gebrauchen Sie Ihre Stimme und vergessen Sie vor allem vor lauter Konzentration auf den Hund das Reiten nicht.

Halten Sie die ersten Übungen immer kurz und üben Sie lieber mehrmals am Tag, als zu lange am Stück. Jede Übung sollte mit einem Erfolg und positiven Erlebnis für beide Tiere enden. Verlangen Sie nicht zuviel auf einmal!

Vom Begleithund zum Reitbegleithund

Sobald das Pferd steht, soll der Hund sich hinsetzen - das ist besonders vor dem Überqueren einer Straße wichtig.

Wichtig ist jetzt, das korrekte Anhalten und wieder Losreiten gründlich zu üben. Geben Sie das Stimmkommando »Haaalt« oder »Brrr« oder was Sie sonst zu Ihrem Pferd sagen, wenn Sie durchparieren, es wird im Handumdrehen nun auch für Ihren Hund zum Signal, dass angehalten wird. Geben Sie Ihrem Hund auch eine leichte Hilfe durch Verkürzen der Leine. Sie merken schon, Sie müssen wirklich souverän einhändig reiten können, sonst können Sie den ganzen »Riemensalat« in Ihren Händen spätestens jetzt nicht mehr richtig sortieren!

Sobald das Pferd steht, soll der Hund sich in Höhe Ihres rechten Fußes daneben setzen. Anfangs müssen Sie noch jedes Mal »Sitz« sagen, später reicht das Anhalten alleine, damit der Hund sich hinsetzt. Achten Sie darauf,

Vom Begleithund zum Reitbegleithund

Hund und Pferd müssen lernen, nach dem Aufsitzen ruhig zu warten, bis das Zeichen zum Losgehen gegeben wird.

dass der Hund auch wirklich neben Ihnen sitzt und nicht nach vorn vor das Pferd oder darum herum auf die linke Seite läuft. Viele Hunde tendieren dazu, links zu Ihrem Menschen zu kommen, weil sie diese Seite vom »Bei Fuß« Training gewohnt sind. Lotsen Sie den Hund also immer wieder zurück in die richtige Position. Sobald er da richtig und ruhig sitzt, gibt's ein Leckerchen.

Verwenden Sie jetzt auch geraume Zeit auf das gründliche Üben des Auf- und Absitzens und bitten Sie notfalls nochmals Ihren Helfer um Einsatz.

Der Hund soll wirklich so lange ruhig neben dem Pferd sitzen, bis Sie sich auf dem Pferd sortiert haben (machen Sie das ruhig absichtlich ein bisschen länger als sonst) und das Zeichen zum Losreiten gegeben haben. Dazu ist natürlich Voraussetzung, dass das Pferd beim Aufsitzen ruhig steht und erst losgeht, wenn es dazu aufgefordert wird. Übrigens gar nicht so einfach, wie es sich anhört!

Das Leinenende liegt von rechts lose über dem Hals des Pferdes (nicht am Sattel festmachen!) und wird beim Aufsitzen zusammen mit den Zügeln ergriffen.

Falls der Hund Ihnen zuvorkommt und losläuft, bevor Sie das Kommando gegeben haben, vermasseln Sie ihm den Spaß, indem Sie wieder anhalten und ihn wieder in Sitz-Position neben dem Pferd bringen. Wenn Sie in diesem Punkt ungenau oder inkonsequent sind, haben Sie schnell einen Hund, der losrennt, wenn Sie nur einen Fuß in den Steigbügel setzen. Wehren Sie also den Anfängen!

Auch beim Absitzen soll der Hund rechts sitzen bleiben, bis Sie ihn vom Boden aus dort abholen.

An- und Ableinen
Natürlich können Sie jedes Mal, wenn Sie Ihren Hund an- oder ableinen, vom Pferd absteigen. Für den Anfang bietet sich diese Methode auch an.

Sobald Pferd und Hund keine Probleme mehr damit haben, dicht nebeneinander zu laufen und ruhig nebeneinander stehen - bzw. sitzen bleiben, können Sie auch versuchen, das ganze vom Sattel aus zu bewerkstelligen.

Zum An- oder Ableinen absitzen - das ist eine der Möglichkeiten.

Vom Begleithund zum Reitbegleithund

Bei einem relativ großen Hund zum kleinen Pferd geht das mit ein bisschen Bücken auch noch gut.

Bei einem kleineren Hund oder einem größeren Pferd haben Sie natürlich ein Problem!

Die erste Möglichkeit ist die Verwendung der bereits erwähnten merothischen Hundeleine, die Sie dem Hund bequem vom Pferd aus anlegen und wieder abnehmen können.

Die andere Möglichkeit besteht darin, den Hund rechts am Pferd hochstehen zu lassen, sodass er sich mit den Vorderläufen am Steigbügel oder Sattel abstützt. Nicht bei jedem Hund und bei jedem Pferd ist das aber machbar. Viele Pferde scheuen recht heftig, wenn das »Raubtier« Sie nun doch anspringt und viele Hunde getrauen sich nicht so nah ans Pferd.

Einen Versuch ist es aber sicher wert, denn es macht Ihnen das Leben wirklich leichter. Einmal gut eingeübt, klappt das Anleinen so auch viel schneller als mit vorherigem Absitzen!

Bei einem im Verhältnis zum Pferd so großen Hund wie hier kann man bequem vom Sattel aus an- oder ableinen.

Vom Begleithund zum Reitbegleithund

Üben Sie das Hochsteigen mit den Vorderläufen auf Kommando und Handzeichen zuerst ohne Pferd, zum Beispiel am Fahrrad (Sie stehen, der Hund steigt auf Ihren Oberschenkel) oder an einem kleinen Mäuerchen.

Belohnen Sie den Hund mit einem Leckerchen, wenn er sich zu Ihnen herauf gewagt hat. Er soll dort ein paar Sekunden ruhig verharren, bevor er wieder »absteigt«.

Machen Sie sich bei den ersten Übungen am Pferd auf Seitensprünge gefasst. Wirken Sie beruhigend auf Ihr Pferd ein und bitten Sie gegebenenfalls einen Helfer, am Pferdekopf zu stehen. Der Hund sollte sich möglichst nicht am Pferd selbst, sondern an Ihrem Fuß, Bein oder der dicken Satteldecke abstützen. Vielen Pferden ist die direkte Berührung durch Hundepfoten nämlich sehr unangenehm! Natürlich hat auch das Pferd sich eine leckere Belohnung verdient, wenn es das »Anspringen« klaglos ertragen hat.

Das Hochstehen am Pferd wird geübt: Noch wagt sich der Hund nicht nahe genug heran.

Doch mal eine Pfote riskieren ...

Vom Begleithund zum Reitbegleithund

Geschafft! Diese Belohnung ist verdient.

Oft lassen sich Hunde beim Hochsteigen verunsichert, wenn das Pferd Ihnen den Kopf zudreht. Sie fürchten einen eventuellen Biss! Das Pferd sollte deshalb möglichst gerade und ruhig stehen.

Es sei noch einmal gesagt: Versuchen Sie diese Übung nur, wenn Pferd und Hund sich schon sehr gut kennen, beide keinerlei Angst oder Aggression gegenüber dem anderen zeigen, das Pferd absolut still stehen kann und Sie von beiden Tieren als Führungsperson anerkannt sind. Wenn Sie in einem dieser Punkte Zweifel haben, sollten Sie lieber dabei bleiben, zum An- oder Ableinen abzusitzen oder die merothische Hundeleine zu verwenden.

Freifolge
Wenn alle Übungen im Schritt gut mit Leine klappen, versuchen Sie das gleiche ohne Leine mit dem Kommando »Am Pferd«. Der Hund soll in der gleichen Position laufen, in der er sich auch angeleint befinden würde, also etwa 1 - 2 Meter seitlich neben Ihrem rechten Steigbügel.

Wählen Sie für den Anfang einen Ort, an dem der Hund möglichst wenig durch andere Hunde, Menschen oder Autos abgelenkt werden kann. Erst wenn die Lektionen sitzen, können und sollten Sie solche Ablenkungen gezielt einbauen, um den Gehorsam Ihres Hundes zu festigen.

Gehen Sie zu Beginn wieder nur geradeaus oder in großen Bögen; später üben Sie wie gehabt engere Biegungen und das korrekte Anhalten. Nicht zu viel auf einmal!

Lassen Sie den Hund zwischendrin auch immer mal wieder ohne Kommando frei voraus laufen, damit er sich entspannen und lockern kann.

Das Zurückkommen zum Pferd üben Sie dann gleich mit dem wichtigen

Herankommen
Häufig wird hier der Fehler gemacht, dass der Hund nur zum Anleinen zum Pferd zurückgerufen wird. Da er das freie Herumtollen aber natürlich viel schöner findet als das Laufen an der Leine, wird er sehr bald nur noch ungern kommen, wenn Sie rufen.

Rufen Sie deshalb Ihren Hund immer wieder auch einmal ohne besonderen Grund zum Pferd und belohnen Sie ihn zu Beginn für jedes Kommen mit einem Leckerchen, später geben Sie nur noch hin und wieder Futterbelohnung.

Der Hund soll immer auf geradem Wege zu Ihnen kommen und sich rechts neben dem Pferd hinsetzen beziehungsweise rechts in der Position »Am Pferd« neben Ihnen her laufen. Erst, wenn Sie ihn wieder mit »Lauf« oder »Los« wegschicken, ist die Übung beendet. Sonst haben Sie schnell einen Hund, der zwar auf »Hier« in Ihre Nähe kommt, aber schon einige Meter vor dem Pferd wieder kehrtmacht, um weiter voran zu laufen.

Auf dem Übungsplatz stellt das Herankommen meistens noch kein größeres Problem dar. Schwierig wird es erst, wenn bei einem Ausritt in

Milo trabt auf Zuruf geradewegs zum Pferd zurück.

Vom Begleithund zum Reitbegleithund

Das Kommen sollte anfangs immer, später nur noch ab und zu belohnt werden.

freier Natur dem Hund tausend interessante Dinge in die Nase steigen, die er dringend untersuchen muss!

Aber das haben Sie ja auch schon zu Fuß und vom Fahrrad aus geübt.

Machen Sie es dem Hund zu Beginn leicht und rufen Sie ihn zunächst nur in Situationen zu sich, in denen keine besondere Ablenkung lockt. Natürlich muss ihm die Belohnung für sein Kommen sicher sein!

Auf dem Pferd haben Sie noch eine ganz hervorragende Erziehungsmöglichkeit zur Verfügung, um dem Hund begreiflich zu machen, dass man auf Ihr »Hier« besser sofort hört: Sollte er sich »taub« gestellt haben, wenden Sie Ihr Pferd und reiten in schneller Gangart einfach in die entgegengesetzte Richtung weg, am besten noch um die nächste Ecke!

Schnell wird er Ihnen nachsetzen und beim nächsten Mal besser aufpassen, denn den Anschluss verpassen möchte er auf keinen Fall!

»Bleib« vom Pferd aus

Nun müssen Sie nochmals Ihren bewährten Helfer bitten, kurz einzuspringen. Sie nehmen den Hund wieder an zwei Leinen, wie zu Beginn der »Reitausbildung«.

Vom Begleithund zum Reitbegleithund

Wieder geht der Helfer möglichst unauffällig hinter dem Hund her. Sie parieren Ihr Pferd durch, befehlen dem Hund »Sitz« oder »Platz« sowie »Bleib«, lassen Ihren Teil der Leine neben ihm zu Boden fallen und reiten weg. Am Anfang reichen wenige Meter! Der Helfer kann nun in Aktion treten, falls der Hund doch aufspringt und Ihnen nacheilen möchte.

Wenn Sie gut vorgearbeitet haben, ist das aber vermutlich gar nicht nötig und der Hund wird brav warten, bis Sie ihn zu sich rufen oder wieder abholen. Eine besonders begehrte Belohnung ist ihm jetzt sicher! Steigern Sie die Entfernung allmählich und versuchen Sie später auch, im Trab vom wartenden Hund weg zu reiten.

Erst wenn der Hund sicher in der vorgegeben Position wartet, bis Sie ihm etwas anderes sagen, versuchen Sie diese schwierige Lektion auch ohne Leine. Bleiben Sie immer konsequent und kehren Sie zur Grundschule zu Fuß zurück, wenn es vom Pferd aus noch nicht klappt.

Das ist eine Möglichkeit, das »Sitz und Bleib« vom Pferd aus einzuüben: Ein entfernt stehender Helfer hält den Hund zu Beginn an der Schleppleine und kann eingreifen, falls der Hund zu früh aufsteht.

Vom Begleithund zum Reitbegleithund

Der erste Versuch ohne Helfer: Platz und Bleib! Zu Beginn sollte man sich noch nicht zu weit vom Hund entfernen.

Die Entfernung und die Geschwindigkeit, in der man wegreitet, werden nach und nach gesteigert.

Für Fortgeschrittene: Übungen im Trailparcours

Wenn der Hund mit oder ohne Leine in Schritt und Trab an der rechten Seite des Pferdes bleibt, alle Wendungen mitmacht, das korrekte Anhalten beherrscht und sich auch auf Entfernung dirigieren lässt, können Sie, wenn Sie Spaß daran haben, auch einen eigenen Trailparcours für Hund und Pferd zusammenstellen. Das schult die Zusammenarbeit ungemein! Bei der Auswahl der Hindernisse können Sie Anleihen aus dem Westerntrail, aus Geschicklichkeitsparcours bei Reiterspielen oder Agility für Hunde machen. Falls Sie zufällig mit Ihrem Hund schon einmal Agility betrieben haben, spricht nichts dagegen, es auch einmal vom Pferd aus zu versuchen!

Mögliche Hindernisse sind beispielsweise Slalomstangen, Wippe, Laufstege (natürlich nur für den Hund) oder die berühmte Plastikplane, die Sie entweder mit Pferd und Hund gemeinsam überqueren oder den Hund wahlweise über die Plane vorausschicken oder warten lassen, bis Sie mit Pferd darüber geritten sind. Solche Dinge sollten aber auf jeden Fall zuerst mit Pferd und Hund getrennt geübt werden!

Sie können auch kleine Cavalettis springen, wobei aus Sicherheitsgründen zunächst aber nur der Hund springt, während Sie seitlich am Hindernis vorbei reiten. Zum Einstudieren der Trailhindernisse benötigen Sie in der Regel einen Helfer, der den Hund zu Beginn in die gewünschte Richtung dirigiert.

Vielleicht möchten Sie Ihren Ehrgeiz ja auch in das Einüben einer kleinen Shownummer stecken, die Sie Ihren staunenden Stallkollegen später vorführen können. Wie wäre es zum Beispiel, wenn Sie das Pferd in einem mit Kreide markierten Kreis abstellen, den Hund daneben ablegen und zu einem Schwätzchen mit den Zuschauern weggehen können? Oder einer Dressurkür mit Musik, in der der Hund die Bewegungen des Pferdes synchron mitmacht? Ein langer Weg bis dahin, gewiss, aber möglich! Ich denke immer noch gerne an eine von Richard Hinrichs und Ruth Giffels gezeigte Equitana-Shownummer, bei der Lusitanohengst und kleiner Hund gemeinsam spanischen Schritt gingen - zur Begeisterung aller Zuschauer! Wer so etwas mit seinen beiden Tieren geschafft hat, ist nur zu seiner guten Arbeit zu beglückwünschen!

Die Vereinigung der Freizeitreiter Deutschlands (VFD) bietet im übrigen seit geraumer Zeit schon eine spezielle freiwillige Prüfung mit dem Abschluss »Pferdebegleithund VFD« an. Sie enthält einen Prüfungsteil »zu Fuß«, der in etwa der üblichen Begleithunde-Prüfung entspricht, einen theoretischen

Vom Begleithund zum Reitbegleithund

Trailparcours mit Hund und Pferd: Hier bieten sich zahlreiche Möglichkeiten - sowohl für das Gehorsamstraining zuhause als auch für den spielerischen Wettkampf. Diese drei haben das Hindernis gut bewältigt, zu bemängeln ist lediglich, dass der Hund an der Leine nach vorn zieht. Vermutlich wurde es ihm zwischen Pferd und Cavalettistangen zu eng!

Teil und den gerittenen Teil, in dem neben den Grundübungen auch kleine Hindernisse geprüft werden können. Die Prüfungsordnung finden Sie auf den folgenden Seiten, Informationen zu Terminen erhalten Sie bei der Geschäftsstelle der VFD (siehe Anhang).

Die VFD hat inzwischen auch erste gemeinsame Wettkämpfe für Pferd und Hund veranstaltet, die im wesentlichen die oben beschriebenen Elemente eines Trailparcours beinhalten. Es ist sicherlich damit zu rechnen, dass auch weitere Veranstalter in Zukunft diesem Beispiel folgen und ähnliche »Turniere« ausrichten. Eine begrüßenswerte Initiative, denn sie kann nur dazu beitragen, das allgemeine Ausbildungsniveau von reitenden Hundeführern anzuheben und die Reiter dazu bewegen, sich mehr Gedanken um die Ausbildung ihrer Hunde zu machen, als sie es vielleicht bisher getan haben. Natürlich sind Wettkämpfe aber nicht jedermanns Sache! Die meisten von uns machen sich sicherlich vorrangig

Die Arbeit im Stangenlabyrinth verlangt höchste Konzentration von allen Beteiligten. Border Collie »Merlin« und Welsh D »Synamon« machen ihre Sache unter Bettinas Anleitung sehr gut.

deshalb Gedanken um das Thema »Reitbegleithund«, weil sie ihren Hund zu Ausritten mitnehmen möchten. Aber auch dann sind Übungen an verschiedenen Hindernissen hilfreich, um später auftretende Geländesituationen zu simulieren und die Feinabstimmung zwischen Pferd, Hund und Reiter zu verbessern.

Beim Zusammenstellen des Parcours muss unbedingt immer an die Sicherheit aller Beteiligten gedacht werden - Vorsicht vor festen Hindernisstangen oder Engstellen, in denen der Hund eingequetscht werden kann! Lassen Sie sich auch nicht vom falschen Ehrgeiz packen: Im Zweifelsfall lieber die Leine loslassen als riskieren, dass der Hund unters Pferd gerät und verletzt wird!

**Prüfungsordnung
»Pferdebegleithund« der VFD
(Stand Januar 2002)**

1. Prüfungsteil: Vorführung auf einem Übungsplatz (ohne Pferd):
a) Leinenführigkeit:
Der angeleinte Hund soll - auf Anweisung des Prüfers - bei lose durchhängender Leine freudig und dicht an der linken (wahlweise auch an der rechten) Seite des Hundeführers (HF) so gehen, dass das Schulterblatt sich in Kniehöhe des HF befindet. Der Hund soll sich jeder Gangart anpassen, sich beim Halten auf einmaliges Hörzeichen hin sofort setzen und jede Richtungsänderung prompt mitmachen. Zu zeigen sind Links-, Rechts- und Kehrtwendungen, dazu der normale, langsame und Laufschritt. Beim Gehen durch eine Gruppen von mindestens 4 Personen soll sich der Hund korrekt verhalten.

Fehler: Zurückbleiben, Vordrängen, seitliches Abweichen, Zögern bei Richtungs- und Tempo- Änderungen, beim »Sitz«.

b) Freifolge:
Nach der Gruppe leint der HF seinen Hund ab, steckt die Leine ein (oder hängt sie um) und geht wieder durch die Gruppe. Danach nimmt er die Grundstellung ein, führt die Freifolge (wie bei a), aber ohne »sitz«) vor, und beendet diesen Teil mit der Grundstellung. Während der Freifolge werden aus einer Entfernung von ca. 15 Schritt 2 Schüsse abgegeben; der Hund hat sich dabei gleichgültig zu verhalten.

Fehler: wie bei a); dazu: mangelnde Unbefangenheit

c) Hinsetzen und sitzenbleiben:
Der Hund soll sich aus der Freifolge auf das Hörzeichen »sitz!«, schnell hinsetzen und sitzen bleiben, während der HF sofort weitergeht. Nach ca. 20 Schritt dreht sich der HF um und wartet, bis der Prüfer ihm ein Zeichen gibt, zum Hund zurückzukehren. Erst wenn der HF wieder neben dem Hund steht, darf dieser aufstehen.

Fehler: Hinlegen, aufstehen, nachfolgen, weglaufen.

d) Ablegen in Verbindung mit Herankommen:
Der Hund soll sich aus der Freifolge auf das Hörzeichen »platz!« (oder »down!«) schnell hinlegen, während der HF ruhig weitergeht (ca. 20 Schritte). Dann dreht sich der HF um und ruft auf ein Zeichen des Prüfers hin den Hund zu sich heran (Hörzeichen: »hier!«, evtl. in Verbindung mit dem Namen des Hundes). Der Hund soll freudig und zügig kommen und sich dicht vor oder neben den HF setzen.

Fehler: sitzen, aufstehen, nachfolgen, weglaufen, zögerndes Herankommen, unkorrektes Setzen beim HF.

Vom Begleithund zum Reitbegleithund

Auch das ist eine weitere denkbare Übung mit Anleihe aus der Agility: Der Hund springt auf einen Tisch, legt sich dort ins »Platz« und wartet, während der Reiter weiter reitet. Hier ist übrigens schön zu sehen, wie das Pferd vor dem hoch springenden Hund kurz zurückschreckt, obwohl es ihn gut kennt - der natürliche Fluchtreflex bricht sich Bahn!

Der 1. Prüfungsteil kann auf Antrag der Hundeführerin/des Hundeführers entfallen, wenn der Hund anderweitig eine entsprechende Prüfling (Begleithund, Schutzhund, Jagdhund u.ä.) nachweislich bestanden hat.

2. Prüfungsteil: Vorführung am Pferd auf einem Übungsp1atz:
a) Einreiten in die Bahn mit angeleintem, rechts am Pferd laufendem Hund. Durchparieren zum Stand; der Hund hat sich bei einmaligem Hörzeichen »sitz!« zu setzen (Grundstellung). Die Grundstellung soll zu Beginn und am Ende jeder Aufgabe eingenommen werden.
b) Anreiten und Reiten im Schritt und Trab oder Tölt: der Hund soll an lockerer Leine rechts neben dem Pferd - etwa in Höhe der Steigbügel - mitlaufen.
c) Reiten von Wendungen u. kleinen Hindernissen (Cavalletti, Plane o.ä.)

Vom Begleithund zum Reitbegleithund

und durch eine relativ enge Gasse.
d) Vorbeireiten an einer Gruppe (»Spaziergänger«) mit einem oder mehreren angeleinten Hunden; der Pferdebegleithund soll Unbefangenheit, auf gar keinen Fall Aggression zeigen.
e) Unbefangenheitsprüfung: Pferd und Hund sollen bei lauten Geräuschen (z.B.Flatterplane, Trecker, Schüsse, ...) Unbefangenheit zeigen.
f) Freifolge, hinsetzen und sitzenbleiben: (Hörzeichen: »sitz!«) Grundstellung; Ableinen des Hundes (möglichst vom Sattel aus). Anreiten und Reiten im Schritt und Trab/Tölt. Der Hund soll frei am Pferd mitlaufen (s.o.Nr. a). Auf das Hör-Zeichen »sitz!« soll sich der Hund sofort setzen und sitzenbleiben, während der Reiter im Schritt ca. 20 m weiterreitet, wendet und auf ein Zeichen des Prüfers zum Hund zurückkehrt. Am Ende dieser Übung soll der Hund gelobt werden.
g) Freifolge, ablegen und herankommen: (Hörzeichen: »platz!« oder »down!«; »hier!«) Grundstellung; Anreiten im Schritt; der Hund läuft frei mit (s.o.). Aus der Bewegung heraus soll sich der Hund auf das Hörzeichen »platz!« (erlaubt ist auch: »platz! bleib!«) sofort hinlegen und liegenbleiben, während der Reiter weitergeht. Nach ca. 20 m wendet der Reiter, pariert zum Stand durch und ruft auf ein Zeichen des Prüfers hin seinen Hund (Hörzeichen: »hier!«, ggf. in Verbindung mit dem Namen des Hundes). Der Hund soll freudig, sofort und zügig herankommen und sich dicht neben das Pferd (rechts) setzen.
h) Weggehen vom Platz: Der Reiter sitzt ab, leint den Hund an, lobt beide Tiere und geht dann zum Platzrand, wobei er zwischen Pferd und Hund geht. Beide Tiere sollen an loser Leine bzw. losem Zügel/Führseil mitgehen. Am Platzrand wird der Hund abgelegt (Hörzeichen: »platz«, evtl.»bleib!«) und hat dort eine Weile ruhig liegenzubleiben, während der Reiter sein Pferd wegbringt und anbindet Danach kehrt der HF zum Hund zurück, lobt ihn besonders und führt ihn vom Platz.

Fehler: entsprechend dem 1. Prüfungsteil

3. Prüfungsteil: Vorführung im Gelände

a) Prüfungsgespräch: Verhalten im Gelände und Straßenverkehr; rechtliche Bestimmungen; notwendige Versicherungen (Pferd u.Hund); Schutzimpfungen
b) Aufsitzen, während der Hund ruhig rechts neben dem Pferd sitzt, liegt oder steht. Anleinen vom Sattel aus oder anderweitiges Aufnehmen der Hundeleine (ohne Helfer!).
c) Anreiten ins Gelände mit angeleintem, rechts am Pferd laufenden Hund. Der Weg sollte mind. 200 m an einer

Vom Begleithund zum Reitbegleithund

Bestandteil der Pferdebegleithundprüfung: Anleinen vom Sattel aus. Sie müssen es ja nicht gleich mit zwei Hunden versuchen!

Straße entlang führen und wenigstens 2 Straßenüberquerungen enthalten. Bei Straßenüberquerungen soll der Hund sich sofort setzen und ruhig sitzen bleiben.

d) *Ableinen des Hundes* vom Sattel aus oder anderweitig (ohne Helfer) in geeignetem Gelände; der Hund läuft frei.

e) *Herankommen:* Der Reiter pariert zum Stand durch und ruft seinen Hund (es darf auch eine Hundepfeife verwendet werden). Der Hund soll sofort und freudig kommen und sich rechts neben das Pferd setzen.

f) *Anleinen des Hundes;* Anreiten und Reiten im Schritt und Trab/Tölt. Der Hund soll an lockerer Leine mitlaufen.

g) *Beendigung der Prüfung:* Am Zielort/Stall legt der Reiter seinen Hund an einer geeigneten Stelle ab und versorgt sein Pferd. Entscheidend für das Bestehen der Prüfung ist der allgemeine Eindruck in allen 3 Teilen. Ständiges Weggehen vom Pferd, allzu zögerndes Befolgen oder Nichtbefolgen der Hörzeichen »sitz!« und »platz!«, zu langsames Herankommen auf Ruf oder Pfiff; Aggression gegen Hunde, Menschen oder Weidetiere,

 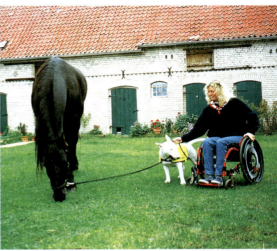

Ein außergewöhnlicher Pferdebegleiter ist Bullterrier »Fritz«: Als Behinderten-Begleithund hat er unter anderem gelernt, seinem im Rollstuhl sitzenden Frauchen den Führstrick anzureichen. Wenn das Pferd dann später angeschirrt ist, fährt er auch auf der Kutsche mit! Ein schöner Beweis dafür, was liebevolle und sachkundige Ausbildung auch bei einem so genannten »Kampfhund« erreichen kann.

Belästigung des Pferdes und Unsicherheit im Straßenverkehr führen zum Nichtbestehen.

Jede/r Prüfungsteilnehmer/in ist selbst dafür verantwortlich, ein geeignetes Pferd zum Einsatz zu bringen. Auch wenn der Hund guten Gehorsam erkennen lässt, sich aber aufgrund des Verhaltens des Pferdes ständig zu zögerndem Befolgen der Anordnungen des Reiters oder zu einem Weggehen vom Pferd verleiten lässt, kann die Prüfung nicht bestanden werden! Mit Pferd und Hund ins Gelände zu gehen bedeutet, dass beide Tiere für diesen Einsatz geeignet sind!

Anstelle des zweiten Prüfungsteils können alle dort verlangten Aufgaben auch auf einem mind. zweistündigen Geländeritt vorgeführt werden.

Nach bestandener Prüfling werden eine Urkunde und ein Ausweis überreicht.

Die häufigsten Probleme auf einen Blick

Problem	Mögliche Ursache	Lösungsvorschlag
Der Hund weigert sich, dicht am Pferd zu gehen.	Der Hund hat möglicherweise noch Angst vor dem Pferd oder hat schlechte Erfahrungen gemacht.	Arbeiten Sie nochmals mit Pferd und Hund an der Hand, eventuell mit einem Helfer. Bestärken Sie den Hund mit Belohnungen. Lassen Sie beim Reiten die Leine zunächst etwas länger und reiten Sie nur Schritt.
Der Hund zieht an der Leine.	a) Der Hund hat die korrekte Leinenführigkeit noch nicht gelernt. b) Der Hund fühlt sich zu nah ans Pferd »gefesselt« und möchte weg.	a) Intensives Leinentraining zu Fuß wiederholen. Nicht dagegenziehen, sondern Tricks anwenden (anhalten, umdrehen, korrektes Gehen belohnen etc.) b) Wie bei 1.
Der Hund achtet zu wenig auf den Reiter und unternimmt ständig selbstständige Ausflüge rechts und links vom Weg.	a) Der Hund ist grundsätzlich zu wenig auf Sie fixiert. b) Der Hund ist nicht ausgelastet.	a) Grundlagen zu Fuß wiederholen, Aufmerksamkeit des Hundes durch Heranrufen und kleine Spieleinlagen oder Futter belohnen, beim Reiten in schneller Gangart die Richtung wechseln. b) Öfter auch mal ohne Pferd (z.B. mit dem Fahrrad) mit dem Hund ins Gelände, generell mehr Bewegung verschaffen.
Der Hund kommt auf Rückruf nicht zum Pferd zurück.	a) Versäumnis in der Grundausbildung. b) Der Hund wird nur zum Anleinen zum Pferd gerufen.	a) Herankommen zu Fuß wiederholen, evtl. mit Schleppleine arbeiten. b) Den Hund öfter ohne Grund zum Pferd rufen und belohnen.
Der Hund belästigt Spaziergänger.	a) Der Hund ist überfreundlich. b) Der Hund ist misstrauisch.	a) Zurückrufen und fürs Kommen mit Futter oder spannendem Spiel belohnen. b) Grundlagenarbeit zu Fuß wiederholen, mit dem Hund viel unter Menschen gehen.
Der Hund verbellt das Pferd in schnelleren Gangarten.	Übergroße Freude, starker Jagd- oder Hütetrieb.	Korrektur vom Boden, evtl. mit Helfer und galoppierendem Pferd auf dem Reitplatz. Der Hund muss lernen, dass er Pferde nicht anbellen darf.

Die häufigsten Probleme auf einen Blick

Problem	Mögliche Ursache	Lösungsvorschlag
Der Hund drängelt ständig vor.	Der Hund fühlt sich berufen, die Führung im »Rudel« zu übernehmen.	Grundsätzliche Rangordnungsfrage im Alltag überdenken und klären. Mehr Unterordnungsübungen mit dem Hund machen (z.B. »Platz und Bleib«, Wegreiten).
Der Hund umkreist das Pferd und kläfft.	Starker Hütetrieb.	Korrektur wie bei Verbellen. Dem Hund grundsätzlich mehr Beschäftigung und andere Aufgaben bieten.
Der Hund hält beim Anleinen oder Aufsitzen nicht still.	Übergroße Vorfreude aufs Loslaufen.	Darauf achten, dass auch das Pferd ganz ruhig steht. Hund sehr konsequent ins »Sitz« bringen, erst losreiten, wenn er ruhig ist. Falls der Hund von sich aus losstürmt, anhalten und Prozedur wiederholen. Während der ersten Minuten des Rittes besonders auf Disziplin des Hundes achten.
Das Pferd scheut vor von hinten herannahendem Hund.	Natürlicher Fluchtinstinkt.	Pferd evtl. vorher leicht umdrehen, damit es den Hund sehen kann. Glöckchen am Halsband anbringen.
SONDERFALL Der Hund wildert und hetzt andere Tiere.	Starker Jagdtrieb, Versäumnisse in der Grundausbildung.	Korrektur nur schwer möglich, fachliche Hilfe suchen. Hund grundsätzlich nur an der Leine führen und wildreiche Gebiete meiden. *Achtung!* Wildernde Hunde und solche, die Vieh oder Katzen hetzen, fallen unter die Bestimmungen der Gefahrhundeverordnungen und gelten als »gefährliche Hunde« mit den gleichen strengen Auflagen wie »Kampfhunde«. Jäger dürfen außerdem wildernde Hunde ohne Vorwarnung erschießen.

In Feld und Wald juchhe!

Es geht los!
Die meisten Hunde finden schon bald so großen Spaß an der neuen Betätigung als Reitbegleithund, dass sie sich geradezu ein Loch in den Bauch freuen, wenn Sie zu Sattel und Trense greifen. Viele benehmen sich dann wie eine ganze Meute Jagdhunde auf dem Sammelplatz! Bei allem Verständnis: Ihr Hund soll ruhig warten, bis Sie mit den Vorbereitungen am Pferd fertig sind. Komplimentieren Sie ihn auf seinen zugewiesenen Platz und belohnen Sie ihn für sein geduldiges Warten.

Gerade zu Beginn des Ausrittes fällt es Hund und Pferd oft schwer, sich zu konzentrieren. Falls Ihre Tiere nicht gerade sehr routinierte alte Hasen sind, die nichts mehr aus der Ruhe bringt, ist es deshalb meistens die bessere Idee, vom Stall weg die ersten paar hundert Meter zu Fuß zu gehen und den Hund an der Leine zu führen. Das lockert nebenbei Ihre eigenen Muskeln und Sie tun auch dem Pferd einen Gefallen, wenn Sie erst jetzt den Sattelgurt endgültig festziehen.

Falls Ihr Hund sehr bewegungsfreudig ist, wäre es optimal, ihn vor dem Aufsitzen noch einmal abzuleinen und ein paar Minuten auf einer großen Wiese umherflitzen zu lassen, ihn erst dann zum Pferd zu rufen und aufzusitzen.

Wie viel Kontrolle muss sein?
Ich bin nicht der Meinung, dass der Hund während des gesamten Ausrittes eng am Pferd laufen muss. Gönnen Sie ihm zwischendrin ruhig einmal den Spaß, ungehindert am Wegrand zu schnüffeln, ein Stückchen vorauszulaufen oder in einem Maulwurfshügel zu graben. Wichtig ist nur, dass Sie Ihren Hund jederzeit zu sich zurückrufen können. Schließlich soll der Ritt allen Spaß machen! Trotzdem müssen Sie immer wissen, wo der Hund gerade ist und was er gerade tut! Schalten Sie zwischen die »Freilaufphasen« immer auch regelmäßige Phasen des »am Pferd«-Gehens und des Festigens der bereits gelernten Übungen wie beispielsweise Anhalten oder »Platz und Bleib« ein, damit der Hund nicht schon bald Ausritte mit gesetzlosen Zeiten verwechselt.

Bei Begegnungen mit Spaziergängern, Autos oder anderen Tieren rufen Sie Ihren Hund grundsätzlich neben sich. Sie müssen immer ein waches Auge auf Ihre Umwelt haben und frühzeitig erkennen, wann der Hund besser »bei Fuß« geht.

Mit oder ohne Leine?
Ein Ausritt, während dessen gesamter Dauer der Hund an der Leine laufen muss, ist für Sie als Reiter nicht gerade das größte Vergnügen (für den Hund auch nicht). Auf Straßen und in Ortschaften geht es aber nicht anders, außerdem können die einzelnen Gemeinden auf öffentlichen Flächen einen Anleinzwang vorschreiben. In vielen Bundesländern sind je nach Größe und Rasse des Hundes auch die neuen Gefahrhundeverordnungen zu beachten (siehe Anhang), die zum Teil Hunde über 40 cm Körpergröße grundsätzlich an die Leine zwingen. Auch wenn Sie nur den geringsten Verdacht haben, dass Ihr Hund wildern oder Katzen nachsetzen könnte, gehört er an die Leine.

Das Reiten mit angeleintem Hund birgt natürlich immer ein gewisses Gefahrenpotenzial - wenn das Pferd erschrickt, wird er mitgezogen oder kommt unter die Hufe, weil er sich nicht schnell genug vom Pferd entfernen kann. Sie müssen die Leine aber selbstverständlich immer mitführen und Ihren Hund sofort zu sich rufen und anleinen können, wenn die Umstände es erfordern.

Beim freien Laufen neben dem Pferd muss auch nicht sklavisch darauf geachtet werden, dass der Hund nicht mit seiner Nasenspitze Ihre rechte Fußspitze überholt. Die ihm angenehmste Position an der Seite des Pferdes wird er bald selbst herausfinden. Ich finde einen etwas weiter vorn an der Pferdeschulter laufenden Hund übrigens nicht so schlimm wie einen zu weit hinten gehenden. Zum einen haben Sie ihn so besser im Blick, ohne sich umdrehen zu müssen, zum anderen wissen Sie vielleicht aus Ihrer Boden- und Longenarbeit mit dem Pferd, dass die Position schräg seitlich-hinten vom Pferd die am stärksten treibende ist. Fast alle Pferde fühlen sich deshalb von in der Höhe ihrer Flanke laufenden Hunden getrieben!

Auf Straßen sollte der Hund grundsätzlich angeleint werden.

In Feld und Wald juchhe!

Typische Geländesituationen

Versuchen Sie den ersten Galopp erst, wenn der Hund in Schritt und Trab verlässlich an Ihrer Seite bleibt. Diese Gangart wirkt auf viele Hunde so aufregend, dass sie sich zum Wettrennen angestachelt fühlen, versuchen, vor das Pferd zu kommen oder kläffend nach Schweif oder Hinterbeinen schnappen. Galoppieren Sie deshalb zu Beginn nur in einem sehr ruhigen Tempo und nur, wenn Sie sicher sind, das Pferd gut unter Kontrolle zu haben. Wirken Sie mit der Stimme beruhigend auf beide Tiere ein. Mit angeleintem Hund sollte nie galoppiert werden! Der Abstand zum Pferd kann und soll im Galopp ruhig größer sein.

Im Gelände kommt es häufig vor, dass Sie Engstellen passieren müssen, z.B. einen schmalen Pfad oder eine Brücke. Da für Pferd und Hund nebeneinander nun kein Platz mehr ist, muss einer von beiden vorgehen. Alle mir bekannten Ausbilder geben an dieser Stelle den Ratschlag, den Hund ins »Platz und Bleib« zu befehlen, vorzureiten und ihn erst zu sich zu rufen, wenn man die Stelle passiert hat. Warum? Der Hund soll so vor den Pferdehufen sicherer sein, und vermutlich soll dem Hund so auch noch einmal seine rangniedrige Position signalisiert werden. Wir halten es dagegen schon seit Jahren genau anders herum und haben die besten Erfahrungen

Bei diesen Dreien gibt es auch im Galopp keine Probleme.

damit gemacht: Der Hund geht mit einigem Abstand vor! So haben wir ihn sicher im Blick und müssen nicht fürchten, dass vielleicht in einer ungünstigen Situation (Sie führen das Pferd über eine Holzbrücke, auf deren Mitte es der Mut verlässt - es bleibt stehen und schnaubt ängstlich), der Hund doch von hinten angeschossen kommt, um zu »helfen«. Dazu fühlen sich nämlich trotz aller guten Erziehung viele Hunde mit starkem Schutztrieb, aber auch Hütetrieb, befohlen, wenn sie merken, dass Pferd und Reiter offenbar in Schwierigkeiten stecken! Selbst, wenn das nicht der Fall ist: Ihr Pferd könnte sich immer über den weit von hinten und schnell herankommenden Hund erschrecken, besonders, wenn das Pferd sich nicht umdrehen kann (z.B. auf einem engen Weg) und die Distanz zwischen abgelegtem Hund und Ihnen sehr groß geworden ist. Schließlich will Ihr Hund doch nun schnellst möglich wieder den Anschluss finden und beeilt sich, was er kann!

Viele Hunde sind auch geborene Kundschafter und genießen es sichtlich, ein »gefährliches« Wegstück als erste inspizieren zu dürfen. Und nur zu oft haben wir auf unbekannten Wegen die Erfahrung gemacht, dass die Pferde diese Kundschafter-Dienste des Hundes auch gerne annehmen und ihm dankbar folgen, wo sie anfänglich

Ein häufiges Problem: Der Hund drängelt quer vors laufende Pferd. Die Stute schaut in die gleiche Richtung wie die Reiterin und beobachtet aufmerksam, was der Hund vorhat.

gezögert haben! Man spürt sie förmlich denken »Na, wenn der da langgehen kann, kann ich das wohl auch!« Besonders bei Wasserdurchquerungen ist dieser Effekt immer wieder festzustellen. Nur auf reichlichen Abstand zwischen Hund und Pferd ist natürlich immer zu achten, damit das Pferd nicht doch noch auf dem fröhlich im Wasser plantschenden Hund landet, wenn es sich nach reiflicher Überlegung entschlossen haben sollte, einen beherzten Sprung ins Wasser zu riskieren!

Ob Sie Ihren Hund an Engstellen mit »Lauf voran« vorschicken und drüben auf Sie warten lassen oder selbst vorreiten, liegt letztendlich aber auch an den Persönlichkeiten Ihrer Tiere und damit in Ihrer eigenen Entscheidung. Wenn Sie ein mutiges, im Gelände erfahrenes Pferd und einen ängstlichen Hund haben, wäre es sicher besser, selbst vorzureiten. Wägen Sie also nach den Gegebenheiten ab!

Übrigens ist es interessant zu beobachten, dass sich viele Pferde auch vom Tempo des voran laufenden Hundes beeinflussen lassen: läuft er schneller, wird auch ihr Schritt flotter, bleibt er stehen, werden sie langsamer. Und wenn der Hund gar plötzlich unsichtbar um eine Ecke verschwindet, hat das Pferd es plötzlich ganz eilig, hinterher zu kommen!

Ein schönes Beispiel dafür, wie die Kommunikation zweier Tierarten untereinander funktionieren kann. Das »Beutetier« flieht nicht mehr vor dem »Jäger«, es folgt ihm sogar und betrachtet ihn als Mitglied der »Herde«!

Jäger und Reiter - ein ewiges Thema
Reiter sind nicht gerade die besten Freunde der Jägersleut. Reiter mit Hund schon gar nicht. Und oft besteht deren Skepsis ja leider auch zu Recht! Da wird durch Schonungen galoppiert, in der Dämmerung am Waldrand entlang geprescht, den Hund fröhlich im Unterholz und Farn stöbern und Jungwild aufhetzen gelassen. Es liegt an jedem von uns, dieses »Wildwest«-Image auszurotten und den Jägern zu verdeutlichen, dass wir uns verantwortungsbewusst in der Natur bewegen, an deren Erhalt uns genauso viel gelegen ist wie ihnen auch.

Dazu gehört natürlich in erster Linie eine erstklassige Erziehung des Hundes! Mit Schmunzeln erzählt eine Reiterfreundin schon seit Jahren die Geschichte, wie sie einmal auf einem Waldweg mit Pferd und nicht angeleintem Dobermann einem Jäger mit Rauhaardackel begegnete. Der Dobermann lief voraus und die Reiterin ereilte ein großer Schreck, was der Jäger nun wohl sagen würde. Schnell rief sie den Hund zu sich, der auch sofort kam und sich ohne weitere Aufforderung direkt neben das Pferd legte - das hatte er bis dahin noch nie getan. Der Rauhaardackel des Jägers überschlug sich fast an der Leine und kläffte wütend in Richtung Hund und Pferd, während der Dobermann den Kleinen kaum eines Blickes würdigte.

In Feld und Wald juchhe!

Der Jäger war baff, wurde sehr freundlich und meinte »Wenn mein Hund so horchen würde ...«

So eine filmreife Vorführung gelingt natürlich nicht immer. Sie sollten trotzdem alles daran setzen, den Jägern so wenig Grund zur Ärgernis zu bieten wie möglich. Der Hund sollte also auf dem Weg bleiben und immer in Ihrem Einflussbereich sein, das heißt sich etwa in einem Umkreis von 20 Metern um Sie herum bewegen und auf Zuruf jederzeit kommen.

Man muss ja auch nicht gerade zur besten Jagdzeit, also in den frühen Morgen- oder Abendstunden, im Wald unterwegs sein. Und wenn man weiß, dass Anfang Mai die Jagd auf Böcke eröffnet wird, ist am ersten Maiwochenende mit erhöhtem »Betrieb« auf den Ansitzen zu rechnen. Die beste Lösung ist immer, wenn man als Reiter bewusst das Gespräch mit den Jägern oder dem Förster in seiner Ausreitgegend sucht, sich und den Hund persönlich vorstellt, versichert, dass der Hund nicht wildert und sich nach den bevorzugten Jagdzeiten erkundigt. Oft ist ja so, dass ein Jäger regelmäßig am gleichen Wochentag und um die gleiche Uhrzeit auf dem gleichen Ansitz sitzt - wenn man das

Wie viel Platz Reitern mit Hund in der Natur zugestanden wird, hängt auch davon ab, mit wie viel Rücksicht und Verantwortung wir uns in ihr bewegen.

weiß, kann man seine Wegstrecke ja anders planen. Überhaupt wirkt ein freundliches Gespräch oft Wunder. Bei uns im rheinland-pfälzischen Teil der Eifel wissen zum Beispiel viele der aus den nordrhein-westfälischen Ballungsgebieten stammenden Jagdpächter gar nicht, dass das Reiten bei uns im Wald grundsätzlich erlaubt und nicht wie in ihrer Heimat auf ausgewiesene Reitwege beschränkt ist. Wenn Sie in einem solchen Fall zu Unrecht angeschimpft werden, bleiben Sie immer ruhig und sachlich und erläutern Sie Ihre Rechte (die Sie natürlich genau kennen müssen). Ich habe es mir zur Angewohnheit gemacht, für solche Gelegenheiten immer eine Kopie unseres Reitrechtes in der Jackentasche zu haben.

Bei allen Diskussionen solcher und ähnlicher Art mit Jägern, Spaziergängern oder anderen Menschen macht es übrigens immer einen besseren Eindruck, wenn Sie absitzen und Ihren Hund ablegen. So begeben Sie sich auf die gleiche Gesprächsebene und sitzen nicht mehr »auf dem hohen Ross«, was auf viele Menschen sehr unhöflich und provozierend wirkt.

Reitersleut sind Rittersleut
Dieser etwas angestaubte Spruch hat trotz seines Alters noch viel Wahres an sich - oder sollte es zumindest! Rücksicht gegenüber Schwächeren sollte eine der Haupttugenden des Reiters sein, und dazu zählen in erster Linie auch Begegnungen mit Spaziergängern. Nicht jeder teilt Ihre Begeisterung für Pferde und Hunde, fühlt sich bedrängt, belästigt oder hat sogar Angst. Rufen Sie deshalb den Hund zu sich, leinen Sie ihn gegebenenfalls an und reiten Sie im Schritt mit einem freundlichen Gruß an den Fußgängern vorbei. Wenn Reiter sich so benehmen, hat selten jemand etwas gegen sie!

Auch an Viehweiden wird grundsätzlich nur im Schritt vorbeigeritten. Rinder, Kühe oder Schafe können ansonsten regelrecht panisch reagieren, selbst wenn Sie »nur« auf dem Weg vorbeitraben. Auf ihrer kopflosen Flucht übersehen sie dann häufig den Weidezaun und brechen aus - so etwas ist mit etwas Vorausschauen leicht zu vermeiden!

Ihre Wegewahl und das Reittempo sollten Sie außerdem immer auch an die Bodenverhältnisse anpassen, also bei sehr nassem Wetter und tiefem Boden weiche Wiesenwege meiden oder diese zumindest nur im Schritt entlangreiten.

Verhalten im Straßenverkehr
Ein Reiter gilt laut Straßenverkehrsordnung nicht als Fußgänger, sondern als Fahrzeug und hat folglich die rechte Fahrbahnseite zu benutzen. Auf welcher Seite des Pferdes er den Hund

In Feld und Wald juchhe!

führt, ist nicht vorgeschrieben. Immer wieder wird geraten, den Hund auch auf der Straße rechts vom Pferd, also auf der verkehrsabgewandten Seite zu führen. Beim Führen vom Fahrrad aus mag das Sinn machen, aber beim Reiten habe ich doch Bedenken: Auch ein ansonsten verkehrssicheres Pferd kann mal erschrecken, wenn beispielsweise ein Fahrradfahrer fast lautlos von hinten heransurrt, ein Kleintransporter, der lose Steine geladen hat, scheppernd durch ein Schlagloch brettert oder die Luftdruckbremsen eines LKW ausgerechnet im Moment des Überholens zischen. Das erschreckte Pferd springt unweigerlich nach rechts zur Seite - und damit auf den Hund! Auf verkehrsreichen Straßen oder innerhalb von Ortschaften ist es deshalb praktikabler, zu Fuß zu gehen und beide Tiere zu führen. Sicher ist sicher! Auch beim Führen eines Pferdes müssen Sie übrigens die rechte Straßenseite benutzen! Sie gehen links vom Pferd, der Hund an kurzer Leine links von Ihnen.

Die Straßenverkehrsordnung besagt übrigens auch, dass nur solche Tiere auf die Straße gebracht werden dürfen, auf die der sie begleitenden Mensch »ausreichend einwirken« kann. Wie

Dieser Hund geht zwar aufmerksam nah am Pferd, trotzdem ist es leichtsinnig, ihn in geschlossener Ortschaft nicht an die Leine zu nehmen.

diese ausreichende Einwirkung zu definieren ist, ist nicht eindeutig festzulegen. Fest steht nur, dass ein unerzogener, frei laufender Hund oder ein nicht verkehrssicheres Pferd dieser Anforderung nicht genügen.

Im Übrigen haften Sie als Tierhalter auch für alle Schäden und Unfälle, die durch Ihre Tiere verursacht werden. Das kann durchaus auch indirekt sein - wenn beispielsweise ein Autofahrer bei dem Versuch, Ihrem plötzlich in Richtung Fahrbahnmitte springenden Hund auszuweichen, eine Straßenlaterne rammt oder wenn eine alte Dame vor Schreck strauchelt und sich den Fuß bricht, weil Sie plötzlich mit Pferd und Hund dicht hinter ihr aufgetaucht sind (so etwas tun Sie natürlich nicht). Es empfiehlt sich deshalb dringend der Abschluss einer Tierhalter-Haftpflichtversicherung sowohl für das Pferd als auch für den Hund, und zwar mit genügend hoher Deckungssumme. Gerade, wenn es um so genannte Personenschäden mit eventuellen medizinischen Langzeitbehandlungen oder Berufsunfähigkeit in der Folge geht, sind mehrere Millionen Euro schnell verbraucht. Eine Deckungssumme von einer Million Euro, wie sie häufig angeboten wird, ist deutlich zu niedrig! Vier bis fünf Millionen Euro sollten es schon sein.

Beim Abbiegen haben Sie auch als Reiter deutliche Handzeichen zu geben. Mit Zügeln in der einen und Hundeleine in der anderen Hand geht das natürlich schlecht. Halten Sie an und suchen Sie im Zweifelsfall immer den Blickkontakt mit dem Autofahrer, um Ihre Absicht deutlich zu machen.

Vor dem Überqueren einer Straße oder einer Straßenkreuzung wird grundsätzlich zum Halten durchpariert,

Im Straßenverkehr merken:

- Reiter müssen die rechte Fahrbahnseite benutzen, auch wenn sie das Pferd führen.

- Das Benutzen von Bürgersteigen ist verboten.

- Vor jeder Straßenüberquerung anhalten und den Hund sitzen lassen.

- Deutliche Zeichen zum Richtungswechsel geben.

- Sich im Zweifelsfall defensiv verhalten.

- Nur mit ausgebildeten und verkehrssicheren Tieren auf die Straße begeben.

- Sowohl Hund als auch Pferd ausreichend hoch versichern.

der Hund setzt sich neben das Pferd. Erst, nachdem Sie sich vergewissert haben, dass die Straße frei ist, geben Sie das Zeichen zum Losgehen.

Beim Reiten in der Dämmerung muss auf der linken Seite eine nicht blendende Leuchte mitgeführt werden, die nach vorn weiß und nach hinten rot strahlt. Sinnvoll sind außerdem Reflektoren oder Reflektorstreifen, die Sie an den Pferdebeinen, am Kopfstück, am Reithelm oder an der Hundeleine anbringen können. Sie selbst und der Hund können auch eine reflektierende Weste tragen. Allemal besser ist es aber, sich in der Dämmerung oder bei sehr schlechten Sichtverhältnissen (z.B. Nebel) nicht mit Hund und Pferd auf die Straße zu wagen!

Mit Pferd und Hund auf Wanderritt?

Ein mehrtägiger Wanderritt in Begleitung unseres Hundes und ein paar guten Reiterkameraden ist ein oft geträumter Traum. Gemeinsam neue Gegenden und Landschaften erkunden, Tag und Nacht beisammen sein, noch enger zusammenwachsen, Freiheit, Abenteuer und Unabhängigkeit erfahren! Damit dieser Traum nicht zum Albtraum wird, ist eine perfekte Vorbereitung aller Beteiligten unerlässlich.

Neben Pferd und Reiter muss auch der Hund alt genug (mindestens zwei Jahre) und sehr gut trainiert sein. Ein Ritt mit Tagesetappen zwischen zwanzig und vierzig Kilometern stellt Anforderungen an die Ausdauer, die nicht jeder Hund erfüllen kann, und schon gar nicht ohne Training! Ein gesunder und gut trainierter Hund ist jedoch ohne weiteres zu dieser Leistung fähig. Man hat einmal ausgerechnet, dass ein an der Schafherde arbeitender Hütehund an einem einzigen Arbeitstag bis zu 60 Kilometern zurücklegt! Schlittenhunde »im Dienst« leisten zum Teil sogar noch wesentlich mehr.

Falls Sie einen Wanderritt mit Hund planen, müssen Sie schon mehrere Wochen vorher mit dem Training beginnen: mehrstündige Ritte dürfen kein Problem sein! Bevor Sie so große Leistungen von Ihrem Hund verlangen (es ist mehr, als die meisten Familienhunde je in ihrem Leben tun) sollten Sie unbedingt vom Tierarzt abklären lassen, ob der Hund körperlich ganz gesund ist - das betrifft Herz, Kreislauf, aber auch den Bewegungsapparat.

Achten Sie unterwegs genau auf Ihren Hund und legen Sie Pausen ein, sobald der Hund Ihnen müde erscheint. Von sich aus wird er nicht anhalten, sondern Ihnen nachlaufen, bis er zusammenbricht! Im Sommer machen vor allem die Temperaturen zu schaffen - ein Hund verfügt nicht über so effektive Mechanismen zur

In Feld und Wald juchhe!

Bei richtiger Vorbereitung ist ein Wanderritt mit Hund eine tolle Sache - aber nur dann!

Regulierung der Körpertemperatur wie ein Pferd und überhitzt deshalb viel schneller. Achten Sie darauf, dass er regelmäßig Wasser zu sich nimmt, notfalls aus Ihrer Trinkflasche!

Das größte Problem auf langen Ritten stellen meistens die Hundepfoten dar, die sich besonders auf steinigen Wegen leicht wund laufen. Gutes Training (sprich: Bildung von Hornhaut) hilft mit, Probleme zu vermeiden, reicht aber oft nicht aus.

Die Hundepfoten müssen deshalb unterwegs regelmäßig und sorgfältig kontrolliert werden! Besonders, wenn sich Schmutzklumpen zwischen den Zehenballen festsetzen (bei langhaarigen Hunden ist diese Gefahr besonders groß), ist die Haut schnell aufgerieben.

Da auch Schlittenhundefahrer häufig mit diesem Problem zu kämpfen haben, gibt es im Fachbedarf für den Schlittenhundesport spezielle Hundeschuhe, so genannte »Booties«, die den Hunden über die Pfoten gezogen werden können. Sie bestehen aus weichem Fleece-Material und können gut in der Satteltasche mitgenommen werden.

Von der Idee, auch dem Hund auf Wanderritt Packtaschen anzuziehen, halte ich nicht sehr viel. Zwar gibt es spezielle Hunde-Packtaschen, aber sicherlich sind sie nicht für den Einsatz über viele Stunden und Tage hintereinander gedacht. Der Hunderücken ist anatomisch nicht unbedingt zum Tragen konstruiert, hinzu kommt, dass die Packtaschen eine große Fläche des Hunderückens bedecken und darunter schnell ein Hitzestau entsteht. Auch finde ich, dass der Hund mit den vielen Kilometern pro Tag schon genug zu leisten hat!

Bei der Planung des Wanderrittes ist zu berücksichtigen, dass nicht jedes Quartier Hunde aufnimmt. Besonders große, langhaarige, nasse Hunde machen auch eine ganze Menge Schmutz! Also fragen Sie vorher freundlich nach. Auch die Futterfrage will gelöst werden. Bei einem Zwei- oder Drei-Tages-Ritt kann man die nötige Portion Hundefutter sicher noch in den Satteltaschen verstauen - bei einem längeren Ritt ist das nicht mehr möglich. Dann bleibt Ihnen, falls Sie nicht mit Trossfahrzeug unterwegs sind, kaum anderes übrig, als die Nachtquartiere vorher mit dem Auto anzufahren und dort Futter zu deponieren.

Denken Sie bei der Zusammenstellung Ihres Erste-Hilfe-Päckchens für die Satteltasche auch an den Hund. Verbandsmaterial in der passenden Größe muss vorhanden sein!

Wenn die Vorbereitung stimmt, alle Beteiligten fit und sowohl Pferd als auch Hund gut ausgebildet und erzogen sind, dann ist so ein langer Ritt in der Tat ein unvergessliches Erlebnis. Der Hund genießt es in vollen Zügen, mit »seinem Rudel« unterwegs zu sein, nachts die Satteltaschen zu bewachen oder sich neben dem Schlafsack zusammen zu rollen!

Fitness und Futter

Vorsicht Kinderarbeit
Es wurde zwar schon mehrfach erwähnt, soll aber hier noch einmal in aller Deutlichkeit gesagt werden: Der Hund darf erst mit auf Ausritte, wenn er körperlich voll ausgewachsen ist - das bedeutet je nach Rasse im Alter zwischen neun und vierzehn Monaten. Große Rassen sind später ausgewachsen als kleinere. Zu frühe Belastung des Bewegungsapparates beim Junghund kann irreversible Gelenk- und Knochenschäden verursachen! Leider vergisst man diese Tatsache allzu oft, weil so mancher Hund mit einem halben Jahr schon sehr erwachsen aussieht und uns auch signalisiert, dass er gerne laufen möchte. Üben sie sich in Geduld und nutzen Sie die Zeit lieber dazu, Ihren jungen Hund mit dem Pferd und allen möglichen andern Umweltreizen bekannt zu machen, einen soliden Grundstein der Erziehung zu legen und erste gemeinsame Führübungen mit Hund und Pferd zu machen.

Dysplasie der Hüftgelenke (HD)
Die Abkürzung »HD« geistert immer wieder als Schlagwort unter Hundeleuten und in allen Fachbüchern umher - was ist das eigentlich?

Im Prinzip handelt es sich um eine Fehlstellung des Hüftgelenkes, die zum Teil angeboren zum Teil durch Aufzucht und Ernährung beeinflusst ist. Vereinfacht dargestellt liegt die Wurzel allen Übels darin, dass die Gelenkpfanne des Beckens zu flach ausgebildet ist und folglich der Kopf des Oberschenkelknochens zu wenig Halt in ihr findet. Das wäre an sich noch nicht weiter schlimm, wenn diese Instabilität nicht im Laufe des Hundelebens fast zwangsläufig zu arthrotischen Veränderungen des Knochens führen würde, die sich früher oder später in Bewegungseinschränkung und Schmerzhaftigkeit äußert. Besonders betroffen von diesem Übel sind größere Rassen. Beim Deutschen Schäferhund war das Problem lange Zeit sehr massiv, inzwischen scheint strenge Zuchtauswahl jedoch zu einer Besserung der Situation geführt zu haben.

Bei einem Hund wie dem Reitbegleithund, von dem größere Laufleistung erwartet wird, sollte deshalb bereits im Alter von 10 - 11 Monaten vorsorglich eine Röntgenuntersuchung der Hüftgelenke durchgeführt werden (bei vielen Rassehunden ist dies eh Routinemaßnahme und zur Zuchtzulassung vorgeschrieben). Bei mittlerer bis schwerer HD muss künftig sehr darauf geachtet werden, den Hund nicht zu sehr zu belasten, damit die fast zwangsläufig entstehende Arthrose nicht noch verschlimmert wird. Das heißt für den Hund konkret: nicht über Hürden springen, keine plötzlichen Sprints und Stopps (Stöckchenwerfen), keine übertriebene Bewegung, wenig Treppensteigen. Und bestimmt kein Wanderritt! Bei Hunden mit leichter HD kann das gleichmäßige Ausdauertraining beim Reiten aber sogar günstig wirken, weil Bänder und Sehen so trainiert und gestärkt werden, dass der Halt des Oberschenkelkopfes in der Beckenpfanne verbessert wird.

Konditionsaufbau
Wenn der Hund so alt ist, dass Skelett, Knorpel, Sehnen und Bänder zur Belastung bereit sind, können Sie mit einem langsamen aufbauenden Konditionstraining anfangen. Ein mehrstündiger Ausritt in schnellen Gangarten ist zu Beginn sicherlich nicht das Richtige! Sie überfordern Ihren Hund damit nicht nur körperlich, sondern verderben ihm möglicherweise auch den Spaß am Mitlaufen. Oder würde es Ihnen Spaß machen, mit hängender Zunge und Seitenstechen jemandem stundenlang bergauf, bergab nachzulaufen, der keinerlei Rücksicht auf Sie nimmt?

Reiten Sie deshalb zu Beginn nur Schritt, unterbrochen von kurzen Trabreprisen und wählen Sie eine kurze Runde rund um den Hof. Zu Beginn ist eine Viertelstunde genug! Steigern Sie dann die Anforderungen allmählich um etwa fünf Minuten täglich und verlängern Sie die Trabstrecken. Eine sehr gutes Ausdauertraining ist auch das Laufen am Fahrrad, allerdings nur, wenn Sie in einem Tempo fahren, das dem Hund das bequeme Nebenhertraben ermöglicht. Ein »Sprinttraining« im Galopp gleich zu Beginn bringt hinsichtlich der Ausdauer keinen Nutzen.

Bedenken Sie, dass auch der Untergrund eine große Rolle spielt: im tiefen Sand oder Schnee ist das Laufen natürlich mühsamer als auf federndem Waldboden. Aber das merken Sie ja auch an Ihrem Pferd!

Richten Sie sich in der Wahl des Tempos zu Beginn immer nach dem Hund und achten Sie auf Zeichen der Ermüdung. Nach einer kleinen Pause am Wegrand kann es dann wieder ruhig weitergehen!

Den Trainingszustand eines Hundes genau zu bestimmen, ist nicht ganz einfach. Eine der besten Methoden ist jedoch, zu beobachten, wie schnell sich der Hund nach intensiver körperlicher Anstrengung wieder erholt. Gut trainierte Hunde erholen sich schnell und zeigen etwa eine Stunde nach Ende des Rittes keine sichtbaren Anzeichen von Anstrengung mehr.

Fitness und Futter

Arbeit macht hungrig

Wer so viel unterwegs ist wie ein Reitbegleithund (vorausgesetzt, der gemeinsame Ritt findet nicht nur Sonntags statt), muss natürlich auch entsprechend seiner Leistung mehr Energie zu sich nehmen. Das heißt nun natürlich nicht, dass Sie Ihren Hund mit Futter voll stopfen sollen, denn ein übergewichtiger Hund ist alles andere als sportlich und belastet sein Herz-Kreislauf-System sowie seine Gelenke über Gebühr.

Neben dem reinen Erhaltungsbedarf an Futter, der für nicht arbeitende Familienhunde ausreicht, hat ein Reitbegleithund noch einen zusätzlichen Leistungsbedarf, der neben Länge der Strecke, Tempo des Rittes und Häufigkeit der Belastung auch von Rasse und Temperament des Hundes abhängig ist. Ein kleiner, quirliger, stets mobiler Jack Russell Terrier braucht im Verhältnis zu seinem Körpergewicht mehr Energie als ein großer Berner Sennenhund! Der Bedarf an zusätzlicher Energie steigert sich bei einer sportlichen Nutzung des Hundes (Laufen am Pferd an mehreren Tagen der Woche) um etwa 30 %, bei extremen Ausdauerleistungen wie z.B. einem Wanderritt sogar bis zu 100 %. Dieser zusätzliche Energiebedarf sollte aber nicht unbedingt über die Menge des

Ein anstrengender Ritt durch tiefen Schnee bei Minustemperaturen lässt den Energieverbrauch von Pferd und Hund steigen.

Futters, sondern über seine Energiedichte reguliert werden - schließlich wird Ihr Pferd auch nicht von einer erhöhten Heuration fitter.

Wenn Sie sich komplizierte Berechnungen von Futterrationen für den Hund anhand von Brennwerten, verdaulicher Energie, Rohprotein und so weiter ersparen wollen (die wahrscheinlich sowieso ungenau ausfallen würden), dann greifen Sie lieber zu einem guten Fertigfutter, das für aktive Hunde konzipiert ist. Sehen Sie sich die Angaben der Inhaltsstoffe auf der Packung genau an. Leistungsfutter muss mindestens einen Energiegehalt von 1,6 Megajoule pro 100 g Trockenfutter haben.

Wenn das Futter einen zu hohen Rohproteingehalt (über 25% Rohprotein in der Trockensubstanz) und folglich zu wenig Energie aufweist, können Sie es »aufpeppen«, indem Sie es mit etwas Speiseöl, Reis, Haferflocken oder Schlachtabfällen wie fettem Bauchspeck vermischen.

Wie beim Pferd auch ist letzten Endes das sprichwörtliche »Auge des Herrn« der beste Futtermeister: Sie liegen mit der Ernährung Ihres Hundes sicher richtig, wenn er trotz zu erbringender Leistung weder zu- noch abnimmt.

Beachten Sie immer, dass genügend Wasser zur Verfügung steht, auch unterwegs!

Voller Bauch studiert nicht gern
Sie sollten weder Ihr Pferd noch Ihren Hund unmittelbar nach einer Mahlzeit zu irgendwelchen Höchstleistungen anspornen (sich selbst auch nicht).

Lassen Sie der Verdauung Zeit! Für den Hund ist Laufen mit vollem Bauch nicht nur unangenehm, sondern auch gefährlich: die lebensbedrohende Erkrankung »Magendrehung« wird durch Bewegung mit vollem Magen sehr begünstigt.

Es handelt sich dabei um eine Aufgasung, in deren Folge der Magen sich in einer Drehbewegung verlagert und Magenein- und ausgang wie Bonbonpapier zugedreht werden.

Außerdem entstehen durch den Druck, den der aufgeblähte Magen im Bauchraum hervorruft, lebensbedrohliche Kreislaufstörungen. Nur noch eine rasche Operation kann den Hund retten!

Die Symptome einer Magendrehung sollte jeder Hundehalter kennen: Unruhe, tief gehaltener Kopf, speicheln, vergebliche Versuche des Erbrechens, Aufblähung des Bauches. Sofort zum Tierarzt!

Große Hunde sind für Magendrehungen eher dispositioniert als kleinere. Als wichtige Vorbeugemaßnahme sollten zwischen der letzten größeren Mahlzeit und dem Zeitpunkt der höchsten Belastung etwa sechs Stunden liegen.

Fitness und Futter

Igitt, mein Hund frisst Pferdeäpfel!
Fast alle Hunde tun es. Und fast jeder Reiter denkt zunächst spontan, sein Hund müsse besonders abartig veranlagt sein. Keine Angst, ist er nicht! Diese Hinterlassenschaften scheinen lediglich besonders lecker zu schmecken. Es ist also kein Grund zur Besorgnis, wenn Ihr Hund sich ab und zu über frisch gefallene Pferdeäpfel hermacht. Sollte er sie aber in übermäßiger Menge verzehren, sollten Sie einmal die Ernährung Ihres Hundes kritisch unter die Lupe nehmen - es könnte ein Mangel an Vitamin B dahinterstecken, denn an demselben sind Pferdeäpfel ganz besonders reich.

Es liegt an Ihnen, ob Sie Ihrem Hund das gelegentliche »Äpfel-Fressen« verbieten oder nicht. Nur wenn Ihr Pferd gerade eine Wurmkur bekommen hat oder anderweitig mit Medikamenten behandelt wird, hat der Hund nichts an den Äpfeln zu suchen.

Wenn der Hufschmied da war, sind auch Hornspäne bei Hunden sehr beliebt. Falls nicht schon Mutter oder Tante Anspruch auf dieselben als Blumendünger angemeldet haben, ist nichts dagegen einzuwenden, wenn der Hund sie bekommt. Dass keine Reste von Hufnägeln mehr darin stecken dürfen, versteht sich von selbst!

Besonders lecker finden Hunde

Gesunde und gut trainierte Hunde haben keine Probleme damit, Sie auch auf längeren Ritten zu begleiten.

Fitness und Futter

übrigens leicht faulige und für unsere Begriffe fürchterlich stinkende Teile des Strahlhorns. Vielleicht ist das eine Erinnerung daran, dass die Vorfahren der Hunde auch einmal Aasfresser waren - eine Tatsache, die wir heute nur zu gerne vergessen!

Sicher können unsere Hunde auch nicht verstehen, wieso es uns missfällt, wenn sie sich mal wieder genüßlich in frisch gefallenen Pferdeäpfeln gewälzt haben. Fast alle Hunde tun das mit Hingabe! Auch dieses Verhalten ist triebgesteuert und hatte einmal einen Sinn, der dem Hund von heute sicher nicht mehr bewusst ist: Der starke Geruch nach dem Kot eines Pflanzenfressers überdeckt den eigenen »Raubtier-Körpergeruch« und ist so wirksame Tarnung beim Anschleichen auf die Jagdbeute!

Und so kommt es eben, dass Hundenasen das spezielle Pferdeapfel-Parfüm einfach unwiderstehlich finden - viel besser als Shampoo und Seife!

Uff, war das ein anstrengender Ritt! Wie schön, wenn man anschließend so weich und warm ausruhen kann.

Sanktus Bürokratius

Fast nichts im Leben geht mehr ohne Paragraphen und Gesetze. Es ist deshalb wichtig, dass Sie die für Ihr Bundesland zutreffenden Vorschriften hinsichtlich des Reitens und des Führens von Hunden in freier Natur kennen und beachten.

Die in der Tabelle aufgeführten Regelungen stellen nur einen Anhaltspunkt dar; Sie sollten sich auf alle Fälle den für Sie geltenden aktuellen und vollständigen Gesetzestext besorgen.

In vielen Bundesländern sind sowohl Reiter als auch Hundehalter vom Gesetzgeber sehr stark benachteiligt und eingeschränkt. Bedenken Sie trotz allem (sicher berechtigten) Ärger über diese Tatsache aber immer auch, dass es letzten Endes auch an uns selbst liegt, welches Bild wir als reitende Hundeführer in der Öffentlichkeit hinterlassen und ob wir Handlungsbedarf bei den Behörden wecken oder nicht.

Dass es übrigens auch anders geht, machte im Jahr 2001 das Bundesland Rheinland-Pfalz vor, in dem das Reit- und Waldrecht nach jahrelangem Bemühen der Reiter um gute Ausbildung im Geländereiten und Kommunikation mit Förstern, Politikern und Tourismusverbänden sogar zugunsten der Reiter geändert wurde. Damit so etwas auch in Zukunft möglich bleibt, ist das verantwortungsvolle Handeln jedes einzelnen von uns gefragt.

Die gesetzlichen Grundlagen
a) Das Bundeswaldgesetz
Nach § 14 des Bundeswaldgesetzes ist das Betreten des Waldes zum Zwecke der Erholung grundsätzlich jedermann (auch Reitern) gestattet, und zwar unabhängig von der Eigentumsart des Waldes. Das ist übrigens längst nicht in allen Staaten so! Gleichzeitig kann dieses prinzipielle Recht aber auch wieder durch Gesetze und Verordnungen der einzelnen Bundesländer eingeschränkt werden (siehe Tabelle).

b) Das Naturschutzgesetz
Es regelt das Reiten in der freien Flur sowie in Natur- und Landschaftsschutzgebieten. Länder, aber auch Gemeinden können Einzelheiten festsetzen, d.h. Wege sperren.

c) Die Straßenverkehrsordnung
Reiter gelten im Sinne der Straßenverkehrsordnung als Fahrzeug und haben sich den entsprechenden Regeln zu unterwerfen.

Sanktus Bürokratius

Wo müssen Hunde an die Leine?
Prinzipiell darf ein Hund vom Fahrrad oder Pferd aus geführt werden (auch im Straßenverkehr), jedoch nicht von einem Kraftfahrzeug aus.

Die neuen »Gefahrhundeverordnungen« vieler Bundesländer sehen eine generelle Anleinpflicht für alle Hunde (also nicht nur die als gefährlich eingestuften Rassen) in bestimmten Umgebungen vor, so zum Beispiel in Park-, Garten und Grünanlagen, in Naturschutzgebieten, bei öffentlichen Versammlungen und Volksfesten oder bei Zuwegen zu Mehrfamilienhäusern. Nun reiten wir an den meisten der genannten Orten wahrscheinlich sowieso nicht, aber auf der sicheren Seite ist immer, wer seinen Hund innerhalb geschlossener Ortschaften und im Straßenverkehr grundsätzlich an der Leine führt. Auch im eigenen Interesse! Außerdem können die Gemeinden Leinenzwang für alle Hunde auf öffentlichen Flächen festsetzen.

In der freien Natur und im Wald gibt es keinen generellen bundesweiten Leinenzwang. Aber keine Regel ohne Ausnahme! So schreibt beispielsweise das Landesforstgesetz Niedersachsen vor, dass Hunde während der Hauptsetz- und Brutzeit (01. April bis 31. Juli) in Feld und Wald nur an der Leine geführt werden dürfen; in Brandenburg gilt gar generell Leinenzwang im Wald. Sonderbestimmungen zur Bekämpfung der Tollwut können in jedem Bundesland erlassen werden, außerdem kann Leinenzwang in ausgewiesenen Wildschutzgebieten verhängt werden.

Generell müssen nicht angeleinte Hunde sich stets im Einwirkungsbereich Ihres Führers befinden und dürfen im Wald nicht die Wege verlassen.

In fast allen Bundesländern ist vorgeschrieben, dass frei laufende Hunde ein Halsband mit Namen und Anschrift des Besitzers zu tragen haben.

Je nach Rasse des Hundes sind in den verschiedenen Bundesländern auch die Bestimmungen der Gefahrhundeverordnungen zu beachten. Da die Gefahrhundeverordungen aber nach wie vor heiß diskutiert werden und sich ständig ändern, tun Sie gut daran, sich nach dem aktuellen Stand der Dinge in Ihrem Bundesland zu erkundigen. Allen Verordnungen ist jedoch gemeinsam, dass sie solche Hunde als gefährlich klassifiziert und mit den entsprechenden Auflagen versehen haben, die bissig sind, »in aggressiver oder gefahrdrohender Weise Menschen oder Tiere anspringen« oder »zum unkontrollierten Hetzen oder Reißen von Wild und Vieh« neigen. In Hamburg reicht sogar das »anhaltende Anbellen« eines Menschen, um einen Hund zum »gefährlichen Hund« zu machen! Und da das allgemeine Klima in Deutschland nicht gerade als hundefreundlich zu bezeichnen ist, steht die Akzeptanz Ihres Vierbeiners oft auf des Messers Schneide! Reiten Sie im eigenen Interesse nur mit wirklich gut erzogenem Hund ins Gelände, sonst kann es Ihnen passieren, dass der Spaziergänger, den Ihr Hund schwanzwedelnd auf dem Weg begrüßt hat, bei der Behörde angibt, Ihr Hund habe ihn »in gefahrdrohender Weise belästigt« - mit den entsprechenden Konsequenzen für Ihren Hund und Sie!

Wildernde Hunde und das Jagdrecht
Grundsätzlich haben Jäger und andere Jagdschutzbeauftragte das Recht, wildernde Hunde in ihrem Revier zu schießen. Leider lässt keines der Jagdgesetze der einzelnen Bundesländer ganz genau erkennen, wie ein wildernder Hund zu definieren ist - das liegt, wie es oft so schon heißt, »im Ermessen im Einzelfall«. Grundsätzlich ist ein Abschuss erlaubt, wenn sich der Hund »dem Einflussbereich seiner Aufsichtsperson entzogen hat« - es kann also schon reichen, wenn er 30 m neben dem Weg durchs Gebüsch stöbert und auf Ihr Rufen nicht sofort kommt. Achten Sie deshalb im eigenen Interesse penibel darauf, dass Ihr Hund im Wald den Weg nicht verlässt und dicht bei Ihnen bleibt, das heißt im Umkreis von etwa 20 Metern. Wenn Sie sich des Gehorsams Ihres Hundes nicht absolut sicher sind, gehört er an die Leine. Von der Abschussregelung ausgenommen sind übrigens Polizei-, Jagd-, Rettungs- oder andere Diensthunde, die entsprechend gekennzeichnet sind (Kenndecke). Nun sollen Sie zwar keine Rettungshunde-Kenndecke für Ihren Reitbegleithund fälschen, aber hilfreich wäre es sicher, wenn Sie ihm bei Ausflügen in den Wald ein gut sichtbares rotes Tuch umbinden oder sonst etwas Auffälliges. So signalisieren Sie dem Jäger, dass dieser Hund zu jemandem gehört und nicht herrenlos umherstreunt. Die beste Vorsorge ist natürlich, sich mitsamt Hund persönlich bei den örtlichen Förstern und Jägern vorzustellen.

Und nun endlich genug der grauen Theorie! Rufen Sie Ihren Hund und satteln Sie Ihr Pferd - ich wünsche allzeit guten Ritt!

Nützliche Adressen & Bücher zum Weiterlesen

Nützliche Adressen

Merothische Hundeleine:
Meroth Entwicklung und Vertrieb
Maternusplatz 7
50996 Köln
Telefon: 0221/393595
Telefax: 0221/3798589
Internet: www.merothisch.de

Informationen zur Pferdebegleithundeprüfung, Interessenvertretung der Gelände- und Freizeitreiter, insbesondere hinsichtlich Beschränkungen des Reitrechtes in Feld und Wald :
Vereinigung der Freizeitreiter
Deutschlands (VFD)
1. Vorsitzender Manuel Sauda
Am Bauernwald 5b
81739 München
fon 0049-0171-4201521
fax 0049-089-60608123
Internet: www.vfdnet.de

Informationen zu Hunderassen, Züchtern, Hundesport:
VDH
Verband für das Deutsche Hundewesen e.V.
Postfach 10 41 54
Westfalendamm 174
44041 Dortmund
Tel.: 0231 - 5 65 00-0
Fax: 0231 - 59 24 40
Internet: www.vdh.de

Zum Weiterlesen

Baumann, Thomas: ...damit wir uns verstehen! Die Erziehung des Familienhundes. Verlag Baumannsmühle, ISBN 3-00-006173-8

Fleig, Dr. Dieter: Kynos Hundefibel. Über den richtigen Umgang mit Hunden. Kynos Verlag, Mürlenbach. ISBN 3-924008-81-7

Mugford, Dr. Roger: Hundeerziehung 2000. Kynos Verlag, Mürlenbach. ISBN 3-924008-89-2

Rehage, Dr. Felicia: Lassie, Rex & Co. Der Schlüssel zur erfolgreichen Hundeerziehung.
Kynos Verlag, Mürlenbach.
ISBN 3-933228-11-5

Trumler, Eberhard: Mensch und Hund. Kynos Verlag, Mürlenbach. ISBN3-924008-44-2

Zum Schluss ein dickes Dankeschön an alle, die bei der Entstehung dieses Buches mitgeholfen haben, besonders an Nicola, Anke, Bettina, Barbara, Anja und Wiebke ... und natürlich unsere Pferde und Hunde!

(Alle Angaben ohne
Gewähr, Stand Januar 2002)

BUNDES-LAND	REITRECHT	»HUNDERECHT«
Baden-Württemberg	**Reiten im Wald** Auf Straßen und Wegen gestattet, jedoch nicht auf Wanderwegen; in Ballungsgebieten nur auf Reitwegen. (Landeswaldgesetz § 37,3). **Reiten in der Flur** Nur auf Wegen, ausgenommen gekennzeichnete Wanderwege, Sport- und Lehrpfade. (Naturschutzgesetz § 38). **Reiten in Natur- und Landschaftsschutzgebieten** Nur auf ausgewiesenen Wegen erlaubt. **Kennzeichnungspflicht** Teilweise.	Leinen- und Maulkorbzwang für 12 Hunderassen (Gefahrhundeverordnung), ansonsten keine übergreifenden Regelungen. Gemeinden können Einzelheiten regeln. Hunde, die erkennbar Wild nachstellen und dieses gefährden können, dürfen vom Jagdschutzberechtigten getötet werden (Landesjagdgesetz § 22).
Bayern	**Reiten im Wald** Im Wald auf geeigneten Straßen und Wegen gestattet, örtliche Einschränkungen möglich (Bayerisches Naturschutzgesetz Art. 25). **Reiten in der Flur** Auf öffentlichen und Privatwegen zulässig, örtliche Einschränkungen möglich (Bayerisches Naturschutzgesetz Art. 22). **Reiten in Natur- und Landschaftsschutzgebieten** Nur auf ausgewiesenen Wegen erlaubt. **Kennzeichnungspflicht** Teilweise.	Leinen- und Maulkorbzwang für 14 Hunderassen (Gefahrhundeverordnung), ansonsten keine übergreifenden Regelungen. Gemeinden können Einzelheiten regeln und örtlichen Leinenzwang für alle Hunde vorschreiben. Hunde dürfen in der freien Natur unangeleint mitgeführt werden (Art. 141 Abs.3 Satz 1 Bayerische Verfassung). Hunde, die erkennbar Wild nachstellen und es gefährden können, dürfen vom Jagdschutzberechtigten getötet werden (Landesjagdgesetz Art. 25).
Berlin	**Reiten im Wald** Nur auf Reitwegen erlaubt (Landeswaldgesetz, §14). **Reiten in der Flur** Nur auf ausgewiesenen Wegen und Flächen oder mit Erlaubnis des Grundstückseigentümers gestattet. (Naturschutzgesetz, §35,2). **Reiten in Natur- und Landschaftsschutzgebieten** Nur auf ausgewiesenen Wegen erlaubt; in Naturschutzgebieten verboten. **Kennzeichnungspflicht** Für den Wald ja.	Leinen- und Maulkorbzwang für 12 Hunderassen (Gefahrhundeverordnung), grundsätzlicher Leinenzwang in Waldgebieten mit Ausnahme von speziellen Hundeauslaufgebieten. Hunde, die sich im Jagdbezirk außerhalb der Einwirkung ihrer Aufsichtsperson befinden, dürfen vom Jagdschutzberechtigten getötet werden (Landesjagdgesetz § 33).

BUNDES-LAND	REITRECHT	»HUNDERECHT«
Brandenburg	**Reiten im Wald** Nur auf ausgewiesenen Wegen erlaubt (Waldgesetz, §20). **Reiten in der Flur** Nur auf öffentlichen Wegen mit Ausnahme von Wanderwegen (Naturschutzgesetz, §51). **Reiten in Natur- und Landschaftsschutzgebieten** Nur auf geeigneten Wegen erlaubt. **Kennzeichnungspflicht** Teilweise.	Im Wald generell Leinenzwang (LwaldG §19, Abs.5). Gemeinden können Leinenzwang auch außerhalb des Waldes festsetzen (§ 22 LjagdG) Hunde, die sich im Jagdbezirk außerhalb der Einwirkung ihrer Aufsichtsperson befinden, dürfen getötet werden (§ 40 Landesjagdgesetz). Melde- und Kennzeichnungspflicht für alle Hunde über 40 cm Größe oder 20 kg Körpergewicht.
Hamburg	**Reiten im Wald** Nur auf öffentlichen Wegen erlaubt (Landeswaldgesetz, §14). **Reiten in Natur- und Landschaftsschutzgebieten** Nur auf ausgewiesenen Wegen. **Reiten in der Flur** Auf öffentlichen Wegen erlaubt, auf Privatwegen nur, wenn es Reitwege sind (Naturschutzgesetz , §34). **Kennzeichnungspflicht** Keine.	Leinen- und Maulkorbzwang für 13 Hunderassen sowie für Hunde, die »nicht zuverlässig gehorchen« oder mehrfach Menschen anhaltend angebellt haben (Gefahrhundeverordnung). Wildernde Hunde dürfen vom Jagdschutzberechtigten getötet werden (§ 22 Landesjagdgesetz).
Hessen	**Reiten im Wald** Auf allen geeigneten Wegen und Straßen sowie markierten Reitpfaden erlaubt (Forstgesetz, § 25). **Reiten in der Flur** Auf allen Straßen und Wegen erlaubt; Privatleute können ihre Wege sperren (Naturschutzgesetz, § 10). **Reiten in Natur- und Landschaftsschutzgebieten** Grundsätzlich nur auf Wegen erlaubt, Reiten häufig verboten. **Kennzeichnungspflicht** Nur in stark berittenen Gebieten).	Leinen- und Maulkorbzwang für 15 Hunderassen (Gefahrhundeverordnung) Verboten ist, Hunde in einem Jagdbezirk unbeaufsichtigt laufen zu lassen (Landesjagdgesetz § 23, Abs. 7). Hunde, die im Jagdbezirk außerhalb der Einwirkung von Begleitpersonen wildern, dürfen getötet werden (Landesjagdgesetz §32,2).

BUNDES-LAND	REITRECHT	»HUNDERECHT«
Mecklenburg-Vorpommern	**Reiten im Wald** Nur auf ausgewiesenen Wegen erlaubt (Landeswaldgesetz, §28). **Reiten in der Flur** Auf öffentlichen Straßen und Wegen erlaubt, auf Privatwegen nur, wenn sie trittfest oder als Reitwege ausgewiesen sind; am Strand erlaubt, wenn nicht per Gemeindesatzung verboten (Naturschutzgesetz, §40). **Reiten in Natur- und Landschaftsschutzgebieten** Nur auf ausgewiesenen Wegen erlaubt, am Strand verboten. **Kennzeichnungspflicht** Keine.	Leinen- und Maulkorbzwang für 12 Hunderassen (Gefahrhundeverordnung). Das Halten und Hüten von Haustieren im Wald sowie die Mitnahme von gezähmten Wildtieren und Haustieren mit Ausnahme angeleinter Hunde sind unzulässig. Ausgenommen davon sind Dienst- und Jagdgebrauchshunde in Ausübung ihrer Aufgaben (Landeswaldgesetz § 29,2). Hunde, die Wild aufsuchen oder verfolgen und außerhalb der Einwirkung ihres Führers stehen, dürfen vom Jagdschutzberechtigten getötet werden (§23 Landesjagdgesetz).
Niedersachsen	**Reiten im Wald** Auf allen öffentlichen Wegen und Straßen erlaubt; auf nicht öffentlichen Wegen und Straßen nur, wenn es Reit- oder Fahrwege (keine Radwege) sind (Feld- und Forstordnungsgesetz, §2). **Reiten in der Flur** Feld- und Forstordnungsgesetz, §2: siehe Reiten im Wald; am Strand gilt die Regelung des Nationalparks. Wattenmeer: Reiten in der Ruhezone nur auf ausgewiesenen Wegen erlaubt, in der Zwischenzone auch neben den Wegen; verboten: Salzwiesen, Deich und Dünen. **Reiten in Natur- und Landschaftsschutzgebieten** Wird für jedes Schutzgebiet einzeln geregelt, in der Regel ist Reiten auf den Wegen erlaubt. **Kennzeichnungspflicht** Keine.	Leinen- und Maulkorbzwang für 14 Hunderassen (Gefahrhundeverordnung), darunter auch Dobermann und Rottweiler. Vom 1. April bis zum 15. Juli (Brut- und Setzzeit) dürfen Hunde im Wald und in der freien Landschaft nur an der Leine geführt werden. (Feld- und Forstordnungsgesetz, §1,5). Wildernde Hunde, die sich nicht innerhalb der Einwirkung einer für sie verantwortlichen Person befinden, dürfen getötet werden (§ 29 Landesjagdgesetz).

BUNDES-LAND	REITRECHT	»HUNDERECHT«
Nordrhein-Westfalen	**Reiten im Wald** Auf öffentlichen Wegen und auf gekennzeichneten Reitwegen erlaubt; Ausnahme: Gebiete mit wenigen Reitern, dort können Gemeinden alle Wege freigeben (Landschaftsgesetz, §50(2)). **Reiten in der Flur** Auf allen Straßen und Wegen erlaubt (Landschaftsgesetz, §50(1)). **Reiten in Natur- und Landschaftsschutzgebieten** Nur auf Straßen und Wegen erlaubt. **Kennzeichnungspflicht** Ja.	Genereller Leinen- und Maulkorbzwang für 41 Hunderassen (Gefahrhundeverordnung) darunter Briard, Beauceron, Kuvasz, Rottweiler und Dobermann; Leinenzwang auf öffentlichen Straßen und Plätzen für alle Hunde über 40 cm Widerristhöhe oder 20 kg Körpergewicht. Hunde, die außerhalb der Einwirkung ihres Führers Wild aufsuchen, verfolgen oder reißen, dürfen getötet werden (Landesjagdgesetz § 25,4).
Rheinland-Pfalz	**Reiten im Wald** Im Wald auf Straßen und Waldwegen erlaubt, auch auf solchen, die als Wanderwege gekennzeichnet sind (Landeswaldgesetz § 22, Abs. 3). **Reiten in der Flur** Auf allen Wegen erlaubt, wenn nicht ausdrücklich verboten (Landespflegegesetz, §11). **Reiten in Natur- und Landschaftsschutzgebieten** Erlaubt, wenn in der Schutzgebietsverordnung nicht ausdrücklich verboten. **Kennzeichnungspflicht** Keine.	Leinen- und Maulkorbzwang für 3 Hunderassen (Gefahrhundeverordnung), ansonsten keine übergreifende Regelung. Hunde, die außerhalb der Einwirkung ihres Führers Wild aufsuchen, verfolgen oder reißen, dürfen getötet werden (Landesjagdgesetz § 30,2).
Saarland	**Reiten im Wald** Auf allen Wegen erlaubt, in Ballungsräumen nur auf gekennzeichneten Wegen (Waldgesetz, §25). **Reiten in der Flur** Außerhalb der Nutzzeit auf Wegen erlaubt (außer in Gärten und Feldern) (Naturschutzgesetz, §4). **Reiten in Natur- und Landschaftsschutzgebieten** Im Wald nur auf ausgewiesenen Reitwegen erlaubt; in Naturschutzgebieten auf Wegen erlaubt, wenn nicht ausdrücklich verboten. **Kennzeichnungspflicht** Im Wald.	Leinen- und Maulkorbzwang für 3 Hunderassen (Gefahrhundeverordnung), ansonsten keine übergreifende Regelung. In Wildschutzgebieten kann das Führen von Hunden an der Leine angeordnet werden (Landesjagdgesetz § 28,2). Wildernde Hunde dürfen getötet werden, es sei denn, dass sich der Hund innerhalb der Einwirkung seiner Begleitperson befindet (Landesjagdgesetz § 40,2).

BUNDES-LAND	REITRECHT	»HUNDERECHT«
Sachsen	**Reiten im Wald** Außer auf öffentlichen nur auf gekennzeichneten Wegen erlaubt (Waldgesetz, § 12). **Reiten in der Flur** Auf geeigneten Wegen erlaubt (Naturschutzgesetz, § 31). **Reiten in Natur- und Landschaftsschutzgebieten** Nur auf ausgewiesenen Wegen erlaubt. **Kennzeichnungspflicht** Im Wald.	Keine »Rasseliste« nach Gefahrhundeverordnung. Wildernde Hunde dürfen getötet werden, es sei denn, dass sich der Hund nach erkennbaren Umständen nur vorübergehend der Einwirkung seines Herrn entzogen hat (Landesjagdgesetz § 44,2).
Sachsen-Anhalt	**Reiten im Wald** Auf allen geeigneten Wegen und Wegrändern erlaubt (Feld- und Forstordnungsgesetz, §5). **Reiten in der Flur** Auf geeigneten Wegen und Wegrändern erlaubt (Feld- und Forstordnungsgesetz, §5). **Reiten in Natur- und Landschaftsschutzgebieten** Auf geeigneten Wegen erlaubt, wenn nicht ausdrücklich verboten. **Kennzeichnungspflicht** Keine.	Hunde sind in der Zeit zwischen dem 1. März und dem 15. Juli in Feld und Wald anzuleinen (Feld- und Forstordnungsgesetz § 10,1). Leinen- und Maulkorbzwang für 3 Hunderassen (Gefahrhundeverordnung). Hunde im Jagdbezirk dürfen getötet werden, es sei denn, dass sich der Hund innerhalb der Einwirkung seines Herrn befindet (Landesjagdgesetz § 31,2).

BUNDES-LAND	REITRECHT	»HUNDERECHT«
Schleswig-Holstein	**Reiten im Wald** Auf öffentlichen Wegen und gekennzeichneten Privatwegen erlaubt (Landeswaldgesetz, §21). **Reiten in der Flur** Auf öffentlichen Wegen erlaubt, auf privaten Wegen nur, wenn sie trittfest oder als Reitwege gekennzeichnet sind: am Strand erlaubt, außer auf Dünen, Deichen, Strandwällen oder bei Badebetrieb (Naturschutzgesetz, §20). **Reiten in Natur- und Landschaftsschutzgebieten** Abhängig von der Schutzgebietsverordnung. **Kennzeichnungspflicht** Freiwillig, um gesetzlicher Pflicht vorzubeugen.	Leinen- und Maulkorbzwang für 11 Hunderassen (Gefahrhundeverordnung), ansonsten keine übergreifende Regelung. Im Wald wildernde Hunde dürfen getötet werden. Als wildernd gelten Hunde, die im Jagdbezirk außerhalb der Einwirkung der sie führenden Person sichtbar Wild verfolgen oder reißen (Landesjagdgesetz § 21,1). In Wildschutzgebieten kann das Führen von Hunden an der Leine angeordnet werden (Landesjagdgesetz § 24,2).
Thüringen	**Reiten im Wald** Auf mindestens zwei Meter breiten, dauerhaft angelegten Forstwirtschaftswegen zu Erholungszwecken gestattet (Landeswaldgesetz vom 25.08.1999, § 6). (Novellierung geplant mit stärkeren Einschränkungen für Reiter). **Reiten in der Flur** Auf Straßen und Wegen gestattet, einzelne Wege können von der unteren Naturschutzbehörde gesperrt werden (ThürNatG § 34,4) **Kennzeichnungspflicht:** keine	Keine »Rasseliste« nach Gefahrhundeverordnung. Wildernde Hunde dürfen getötet werden, wenn sie im Jagdbezirk in einer Entfernung von mehr als 200 Meter vom nächsten bewohnten Gebäude angetroffen werden; es sei denn, dass sich der Hund nach erkennbaren Umständen nur vorübergehend der Einwirkung seines Herrn entzogen hat (Landesjagdgesetz § 42,2).

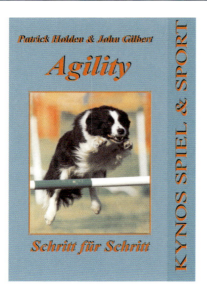

Patrick Holden
und John Gilbert

AGILITY – SCHRITT FÜR SCHRITT

Agility ist nicht nur etwas für Border Collies und sportliche Menschen! Jedes Mensch-Hund-Team kann in diesem Sport Spaß und Erfolg haben. Hier erfahren Sie anschaulich, wie Sie die Bewältigung neuer Hindernisse Schritt für Schritt und in einzelne Lernschritte aufgeteilt spielerisch angehen können. Nicht der Wettbewerbsgedanke steht hier im Vordergrund, sondern die harmonische Zusammenarbeit zwischen Mensch und Hund.

So lernen Ihr Hund und Sie ganz entspannt und ohne Stress, alle Hürden zu nehmen!

104 Seiten, 60 Farbfotos, fester Einband.
ISBN 3-933228-41-7 / EUR 15,-

Susanne Preuß

DER ZUGHUND – EINST UND JETZT

Haben Sie einen großen Hund?
Haben Sie schon je daran gedacht, ihn einmal vor einen Wagen zu spannen?

Dass dieser Gedanke keineswegs abwegig ist, zeigen neben den historischen Darstellungen eindrucksvoll auch die zahlreichen positiven Erfahrungen moderner „Zughundeführer".
Die Autorin beschreibt aus langjähriger Praxiserfahrung, welche Wagen und Geschirre geeignet sind, wie man einen Zughund ausbildet und wie man die Leistungsgrenzen seines Hundes erkennt, damit nicht nur der Mensch Spaß hat.

120 Seiten, ca. 60 Farbfotos, fester Einband
ISBN 3-933228-42-5 / EUR 15,-